Maulbeerbaum & Küchenfeen

Eine Zeitreise voller Anekdoten beim Heurigen Prillinger-Metzger

Graphische Gestaltung und Satz: Thomas Lehmann
Coverfoto: Thomas Lehmann, Illustration: Hedy Bachinger

Verlag Berger Horn/Wien
www.verlag-berger.at

ISBN 978-3-85028-939-9

Druck: Ferdinand Berger & Söhne Ges.m.b.H.
Wienerstraße 80, A-3580 Horn
Email: office@berger.at

Inhaltsverzeichnis

Mutter Maria Metzger macht mich zu einer Chefin (o.), die viel von Tante Hilda (u. l.) und Küchenfee Agnes gelernt hat.

Die Autorin im Kurzportrait

Eigentlich wollte Hedwig „Hedy“ Bachinger, geborene Metzger, ja Historikerin werden, sie hatte ja nach der Matura in der Wenzgasse und dem mehrjährigem Geschichte-Studium schon die Dissertation fertig, zum Abschluss aber kam es aus privaten Gründen nicht mehr.

Die Geburt der ersten Tochter Barbara, der noch zwei weitere mit Elisabeth und Maria folgen sollten, kam ebenso dazwischen wie die Hochzeit mit ihrem aus Oberösterreich stammenden Mann Georg Bachinger, der neben seiner Nebentätigkeit beim Heurigen beruflich als hoher Beamter bei der NÖ-Landesregierung tätig war – beim Wasserbau übrigens.

Privat

So wurde aus Hedy zwar eine verhinderte Frau Professor, aber dafür eine Küchen- und Heurigenfee in Vollendung. Sie verstand es, sowohl mit ihrem gewinnenden, vorurteilsfreien Wesen ebenso wie mit den alten, von ihr aufgefrischten, teils urgroßmütterlichen Rezepten, aber auch delikaten und dennoch rustikalen Eigenkreationen die p. t. Gäste „einzukochen“ – darunter auch eine lange Liste an prominenten Stammkunden. Weil Georg plötzlich verstorben war, und die Töchter beruflich andere Wege eingeschlagen hatten, so endete das Heurigen-Kapitel nach zahlreichen Generationen von Fenz über Prillinger bis Metzger und Hedy Bachinger endgültig anno 2011. Was sich alles zugetragen hat in ihrer Zeit, das hat sie hier launig, lustig, aber mitunter auch besinnlich zusammengefasst.

Tribut an die Schwester

Als Kinder hatten die Metzger-Buben zwei Ausläufe – die Jesuitenwiese zum Kleinfußball auf der „Glatz´n" zwischen Baumriesen im Prater und den Heurigen im 19. Bezirk.

Dort, wo wir vorm Aufsperren am Nachmittag mit dem Ball „gaberln" konnten. Oder gegen die Wand („Buserer") zu zweit oder viert mit Freunden im Hof und im Garten (wenn nicht ausgesteckt war) so lange spielen konnten, bis wir Hunger hatten. Und der wurde dann von Wahl-, echten Tanten, später der Schwester gestillt, Privoznik-Kracherln als Durstlöscher. Und natürlich gab´s schon die ersten Fleisch-Laberln aus der kleinen, wohlfeilen Küche. Als wir älter und mannbar wurden, tauschten wir immer öfter die Ball-Leidenschaft gegen manch Liebelei, die – Geld war eher Mangelware – der Einfachheit halber „zu uns in die Rudolfingergass´n" eingeladen wurde . Und dazu das Kracherl gegen den Spritzer. Je prominenter die uns umgebenden Gäste, umso wohler fühlte sich auch manch eine der jungen Damen, die gerade erst dem Teenager-Dasein entschlüpft war. Später, als unsereins schon als „Presse"-Journalist und ORF-Mitarbeiter etabliert war, durfte man immer wieder Runden von Größen verschiedenster Richtungen ergänzen. Und dabei mithören, was es so alles gab, gibt und in Zukunft noch geben könnte. Kurzum, bei unserem Heurigen, der nicht nur,

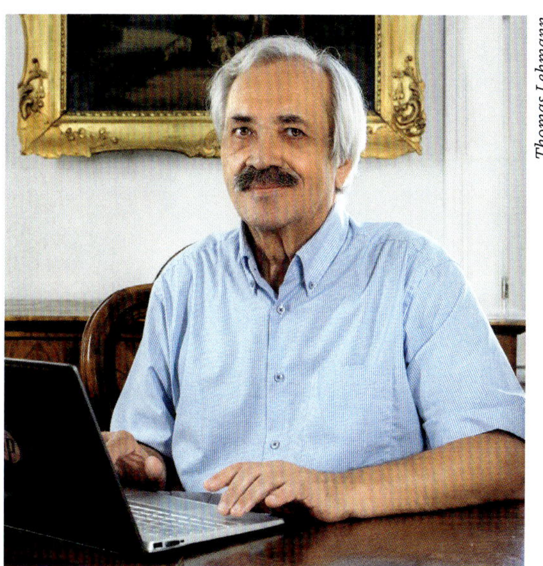

Thomas Lehmann

„Kurzum, bei unserem Heurigen, war man im wahrsten Sinn des Wortes stets am Ball"

Josef Metzger

aber auch als Rendezvous-Platzerl für Kulinarik-Fans diente, war man im wahrsten Sinn des Wortes stets am Ball – auch wenn nimmer Ball gespielt wurde im Hof und Garten. Womit sich auch für mich als jüngerer Bruder ebendort der Kreis geschlossen hat. In diesem Sinn, gute Unterhaltung beim Lesen der vielen wahren Begebenheiten und ebensolcher Anekdoten rund um Gäste und Feste.

Bruder Josef, der Jüngere

Alte Zeiten und Jugendlieben

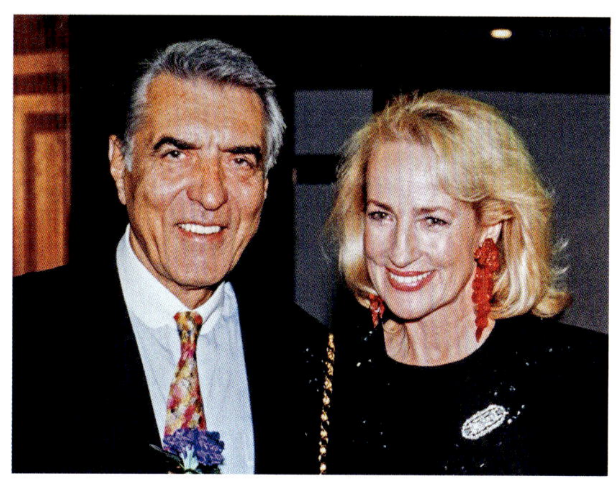

Privat

Mit dem „Helmerl“

Wer sich an seine vielen, alten Freunde erinnert, der sollte sich unbedingt dieses Buch kaufen. Da steht so viel von all dem drin, was es in der zweiten Hälfte des 20. Jahrhunderts gegeben hat. Auch und vor allem viele Anekdoten und Schnurren, von, mit und über Freunde, Bekannte, Kollegen aus meiner frühen und späteren Künstlerzeit. Darum auch habe ich meinen Politiker- und Wien-Bürgermeister-Mann Helmut Zilk immer wieder zu Heurigen-Treffs mitgenommen, um dabei alte Freundschaften aufzufrischen, nicht nur, aber vor allem auch aus meiner Jugendzeit. Wie mit Eurem Cousin Hans Frank, meiner großen Jugendliebe, auf die ich damals richtig stolz gewesen bin. Hans, dem ich auch heute noch verbunden bin, galt schließlich als schönster und sportlichster Mann in ganz Wien, um den mich viele andere junge Damen beneidet haben. Ja, ich habe viele schöne Stunden im gemütlichen, familiären Ambiente des Heurigen Prillinger-Metzger in der Rudolfiner Gasse verbracht, die sich in der Retrospektive wieder finden – und derer man sich nach vielen Jahren immer noch und immer wieder gerne erinnert. Das betrifft nicht nur mich, sondern auch viele meiner Bekannten, Freunde, Künstlerkollegen, die in dieser ganz speziellen Heurigen-Lektüre vorkommen. G´schmackige Schmankerln, launig erzählt, witzig formuliert. Wie eingangs gesagt: kaufen, lesen, schmunzeln oder lachen – wie es Euch gefällt.

Dagmar Koller

Alles begann, als der Wiener Kongress tanzte

Was einmal war beim Heurigen Prillinger-Metzger in Döbling, Rudolfiner Gasse 7, das kommt nie wieder. Als letzte Chefin des Hauses, die die Gäste einkochte, erlaube ich mir den Blick zurück auf die vielen Anekdoten und Geschichten mit oder ohne Promis, die sich auch in den Gästebüchern verewigt haben.

Wo anno 2011 die Buschenschank Prillinger-Metzger in der Rudolfiner Gasse 7 in Ober-Döbling die Heurigen-Gourmets anzog; wo 150 Jahre lang im Innenhof der älteste Maulbeerbaum Wiens stand, in der Schräglage gestützt durch ein paar dicke Äste; wo sich die mehr oder weniger prominenten Stamm-Gäste an der Kultküche bis zu einer Viertelstunde anstellten, um die Kost der Küchenfeen zu konsumieren, dort wurde eine mehr als 100-jährige Gastro-Geschichte dem Erdboden gleichgemacht. Nichts erinnert mehr daran, dass dort über Jahrzehnte hinweg eingesessene Heurigen-Wirtinnen nicht nur den Eigenbauwein aus den eigenen Rieden vom Nußberg über Schenkenberg und Hungerberg bis Hackenberg mit solch KellnerInnen-Originalen wie der legendären Frau Manhart ausschenkten, sondern auch das breit gefächerte, wie auch immer ideologisch gefärbte Klientel kulinarisch verwöhnten.

Auch der Maulbeerbaum verschwand 2016 für immer, um Raum zu schaffen für einen Parkplatz, der zum Rudolfiner Haus gehört, dem Privatspital an der Billroth

Privat

Der idylische Innenhof samt Maulbeerbaum...

Straße, wo der weltberühmte Pionier der modernen Chirurgie, Dr. Theodor Billroth, einst ebenso wirkte wie an der Universitätsklinik. Im Komplex des Rudolfiner Hauses gab´s bis gegen Ende des 20. Jahrhunderts auch eine Schule für Krankenschwestern, die sich – psst: nichts verraten – mitunter nebenan beim Heurigen die Freizeit vertrieben.

Ja, so war das einmal, was nicht mehr wiederkommt. Kurz gesagt – der Prillinger-Metzger, unter den Vorfahren noch Fenz und auch Prillinger, hatte eine lange, bewegte Geschichte. Das Haus gab´s schon, als der Wiener Kongress tanzte. Und es überlebte, auch des angrenzenden Fenz-Grundstücks wegen, mit der eingesessenen Familie sowohl den Ersten als auch den Zweiten Weltkrieg.

Wie war das möglich geworden? Lassen Sie es mich, Hedy Bachinger, die letzte Chefin des Hauses, anhand von Überlieferungen und Erzählungen schilden. Meine

Fotos: Privat

Vier Generationen auf einen Fleck: Baby Hedwig umgeben von ‚links: Uroma, Mutti Maria, Onkel Sepp, Opa Josef und Oma Maria

Vorfahren, von denen ich Urgroßmutter und Urgroßvater noch erleben durfte, waren vorsorglich gewesen. Hinter dem Tor zum Neben-Schrebergarten tat sich, mitten in Döbling, so etwas wie eine Landwirtschaft für Selbstversorger auf. Im Kabäuschen waren Ziegen, Hasen und Hühner untergebracht, davor gab´s Apfel- und Kirschenbäume, dazu einen Feigenbaum, Stachelbeer- und Ribisel-Stauden. Alles da zum Überleben, u. a. verbunden mit kuriosen G´schichten, die unserer Frau Mutter Maria die Hände übern Kopf zusammenschlagen ließen. Weshalb? Weil beim Zählen der Freilandhühner einmal eines fehlte, wie vom Erdboden verschluckt! Im wahrsten Sinn des Wortes, weil es im Schrebergarten vom Schäfer-Haushund Dino, der es vorher zu Tode gebissen hatte, vergraben worden war!“

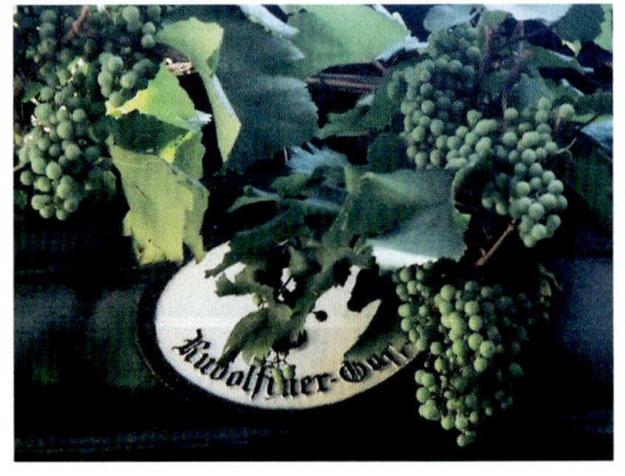

Eine private Randnotiz, die mit dem Heurigen nichts zu tun hatte. An Brat- und Backhühnern fehlte es allerdings im Küchen-Buffet selbst in Stoßzeiten so gut wie nie. Was Promi-Gäste und Feier-Anlässe betraf, so schrieb „der“ Prillinger-Metzger auch Geschichte mit vielen Geschichtchen und Anekdoten, die es wert sind, ein Buch zu füllen. Ein Buch, das vor allem darauf hinweist, dass immer weniger vom echten Wiener Heurigen geblieben ist - mit dem Busch am Aushang, der zur „Buschenschank“ einlädt. Übrigens eine Verordnung des aufgeklärten Kaisers Josef II. aus dem 18. Jahrhundert.

Diese " Vögel sind so wunderbar,
drum zeichne ich noch ein paar!!

Trude

Walt Disney's Cinemascope
anno dazumal.

Disney und Hollywood hinterließen
mitunter ihre karikierten Spuren.

ÖNB / Schikola

Burgschauspieler Ewald Balser in „König Ottokars Glück und Ende“

Hier ist gut sein! 2.X.55.

Ewald Balser

Evelyn Balser

Gästebucheintrag Ewald Balser und Freunde

Ja jo der Wein rinnt wi-a-n Öl
I brauch kan Raffaöl!
I häng mei Alte auf
bevor I Wasser sauf!
25.V.1955!
Do hängt's!

Wo Wein die Zunge lockert, kann´s dem Weib an den Kragen gehen.

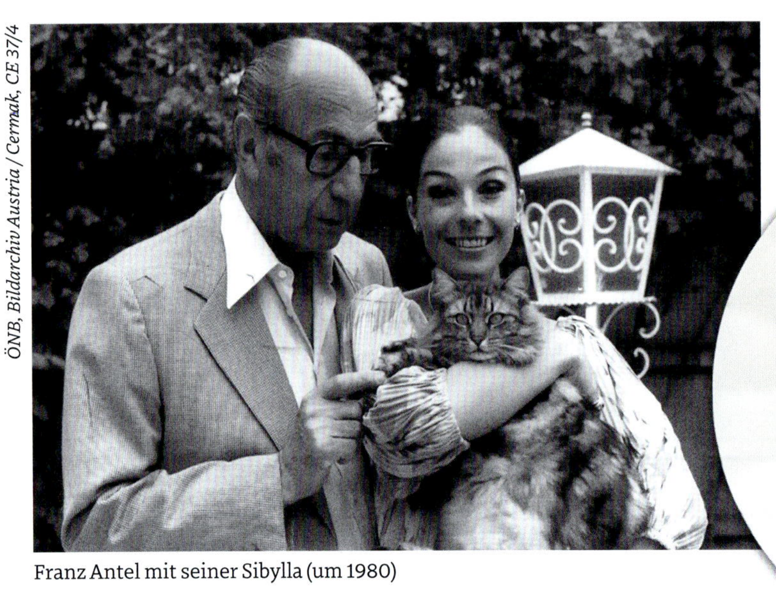

ÖNB, Bildarchiv Austria / Cermak, CE 37/4

Franz Antel mit seiner Sibylla (um 1980)

Judit Metzger-Bodnar

Antels Fleischlaberln und „Stalinos" Krautfleckerln

Ob umtriebiger Film-Guru und Regie-Genie, ob umstrittener Maler, Bildhauer und Polit-Revoluzzer – bei ihren rustikalen, wienerischen Leibspeisen waren sich die beiden künstlerischen Protagonisten samt Frauen und Musen einig.

Wir aber springen ins letzte Drittel des 20. Jahrhunderts. Damals, als mit Agnes Wurzinger, „Mädchen für alles" bei den Metzgers, auch Hilda Prillinger, Schwester von Maria Metzger („Gasthaus „Zum guten Hirten", Landstraßer Hauptstraße 55-57), den Kochlöffel beim Heurigen schwangen. Und mich, damals noch Metzger, später verheiratete Dreifachmutter Bachinger, mit und ohne Rezept als

Geschichtsstudentin und ohne Ahnung vom Kochen so gut einschulten, dass ich deren Nachfolge antreten konnte. Zu Agnes-Zeiten und mit mir als „Lehrmadl", machten uns die Stoitzners, vier Brüder mit einem davon als gefragten (Briefmarken-) Maler vor allem von Wachau-Motiven, die Aufwartung. Und im Burgtheater-Freundeskreis von Maler und Kostümbildner Stefan Hlawa kam mehrmals auch Werner Krauss hereingeschneit, einer der berühmtesten Mimen, Träger des Iffland-Ringes, der höchsten Auszeichnung für deutschsprachige Bühnenstars. Das war sozusagen in den Pionierzeiten, als es noch nichts Warmes vom Herd, sondern die „kalte Platt´n" gab mit kaltem Schweinsbraten, G´selchtem, Liptauer, Essig-Gurkerl und Ei mit Semmel, Brot und Butter. Damit hatte es sich in den 50ern. In den 60ern und 70ern aber gab´s dann die warme Küche, für die unser Heurigen-Lokal bekannt und auch ich gerühmt wurde.

Alexander Binder um 1920

Karikatur v. Stephan Hlawa und Werner Krauss

Eines der g´schmackigen Gerichte, das zu dieser Zeit in einer Pfanne der engen, kleinen Küche brutzelte, waren unsere hausgemachten Fleischlaberln, Leibspeise vieler, vor allem aber des legendären Filmregisseurs Franz Antel, der quasi ums Eck daheim war. „Die besten in ganz Wien, na na: auf der Welt", pflegte der eingefleischte Vienna-, Fußball- und Heurigen-Fan zu sagen und auch ins Gästebuch zu schreiben. Er konnte davon kaum genug kriegen – und blieb dennoch gertenschlank. Was tat der bis ins hohe Alter umtriebige frühere Softsex-Filmemacher (mit der Ungarin Terry Torday, dem späteren Grün-Politiker Herbert Fux u. a.) und auf seine älteren Tage Drittes-Reich-Kritiker zum Dank für geliebte Speis samt Trank? Wo es die herabhängenden Weinreben beim Eingang zum Heurigen und den

> ***„Die besten in ganz Wien, na na: auf der Welt"***
>
> *Franz Antel*

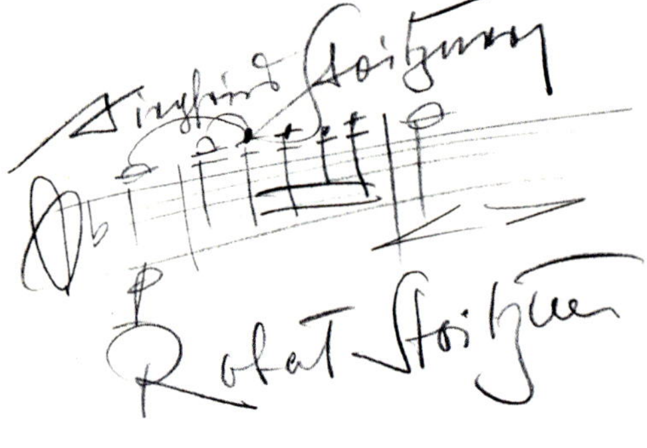

Stoitzner, Dürnstein und die Wachau als malerisches Eins.

uralten Maulbeerbaum im Hof gab, dort drehte der dafür preisgekrönte Regie-Profi einige Szenen zur Zweitauflage vom vielgerühmten, hochgelobten Bockerer-Film! Und weil´s offenbar so gut gefiel, folgte danach auch noch „Kommissar Rex“ mit einigen TV-Filmszenen. Und natürlich auch mit Tobias Moretti als menschlichem „Spürhund“ in der Hauptrolle des Fernseh-Hits, der sich auch im Ausland, zum Beispiel in Italien, bestens verkaufte.

Post festum muss ich meinen imaginären Hut ganz besonders vor dem Regie-Urgestein Franz Antel ziehen, der in seinem bewegten Leben mehr als 100 Filme gedreht hat – vor und nach der russischen Gefangenschaft! Wie vertrieben sich Antel und Mitarbeiter die Zeit in Drehpausen? Beim Schnapsen mit einem Glasl Wein! Wenn er von Grinzing zu uns kam, hatte er schon ein Päuschen hinter sich – und dann gab´s die Fortsetzung bei uns. Trotz seines fortgeschrittenen Alters war der gute Franz höchst professionell und konsequent. Er dirigierte nicht nur, sondern legte selbst Hand an als Film- und Regie-Guru. Kleine, selbst erlebte Randhistörchen zum (Nach-)Kriegsgeschichte-Film.

Was dem Antel Franz und seiner zweimal geehelichten Frau Sybille die Fleischlaberln, das war für den berühmt-berüchtigten Maler-Bildhauer Alfred „Stalino“ Hrdlicka und seine erste Frau Barbara was Vegetarisch-Frugales: Krautfleckerln, die Agnes und Hedy so gut auf und aus dem Herd zauberten wie die knusprigen, mit Käse fein überbackenen Schinkenfleckerln. Alfred Hrdlicka, Sohn eines Kommunisten, der aber die KP nach dem Ungarn-Aufstand 1956 verlassen hatte (trotzdem den Linken nach der Wende treu und indirekt Mitbegründer der Partei „Die Linke“ durch seine Freunde Gysi und Lafontaine), war alles andere denn ein Kostverächter. Egal, wo er dinierte oder schnabulierte. Ob italienisch beim Peppino in der Mahlerstraße nahe dem von ihm geschaffenen Nazi-Mahnmal. Oder im Heurigen-Raume Döbling-Grinzing, wo er sich des Öfteren auch in Gesellschaft seines Künstler-Freundes Friedensreich (Sto-) bzw. Hundertwasser kulinarische Alternativen einverleibte – wie unsere, eigentlich meine Krautfleckerln.

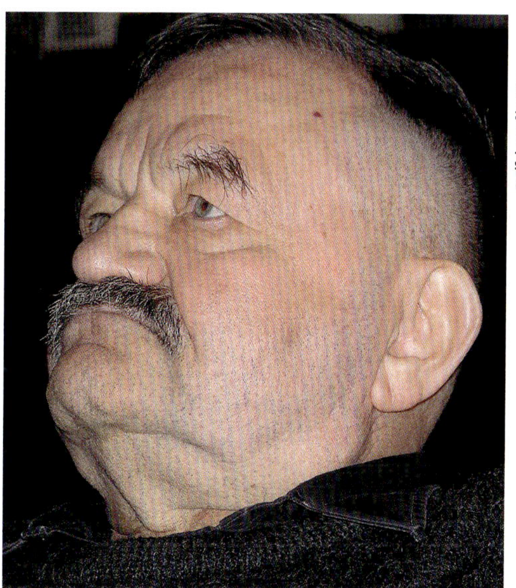

Wikimedia Commons

Maler-Bildhauer Alfred „Stalino“ Hrdlicka

Als er einmal in der Küche stand und später seine bessere Hälfte kam, um auch von ihr die geliebten Krautfleckerln zu bestellen, war Stalinos Stimme unüberhörbar: „Die san guat, aber jetzt sans aus.“ Von ihm, dem Krautfleckerl-Freak, längst verschlungen. Die Gnädigste war – schachmatt! Wie kommt man auf so eine Definition? Ganz einfach deshalb, weil Hrdlicka ein hervorragender Schachspieler war, der sogar Österreich international vertrat. Er spielte so gut, dass er einmal sogar den englischen Großmeister austrickste…

Hrdlicka sah so aus wie die menschlichen Figuren, die er mit derartig viel Aufwand, Einsatz und Inbrust zeichnete, malte oder in Stein meißelte, dass er körperlich einging, 16 cm an Körpergröße verlor. Umso genüsslicher tafelte er samt seiner ersten Frau und nach ihrem Tod mit der Muse und späteren Gattin Angelina auch beim Heurigen Prillinger-Metzger, für den Weltanschauungen von Promi-Gästen niemals ein Thema waren. Hauptsache, dass es allen schmeckte und mundete wie Barbara, Angelina & Stalino, der übrigens als bekennender Atheist viele Kirchen dekorierte, etwa den Stephansdom mit der Statue der Schwester Restituta, von den Nazis hingerichtet – und seine Dankgebete aber wohl eher an Lukullus richtete. Wenn´s nach Dompfarrer Toni Faber ginge, würde ihn der liebe Gott selig haben. Samt unseren, eigentlich meinen speziellen Krautfleckerln!

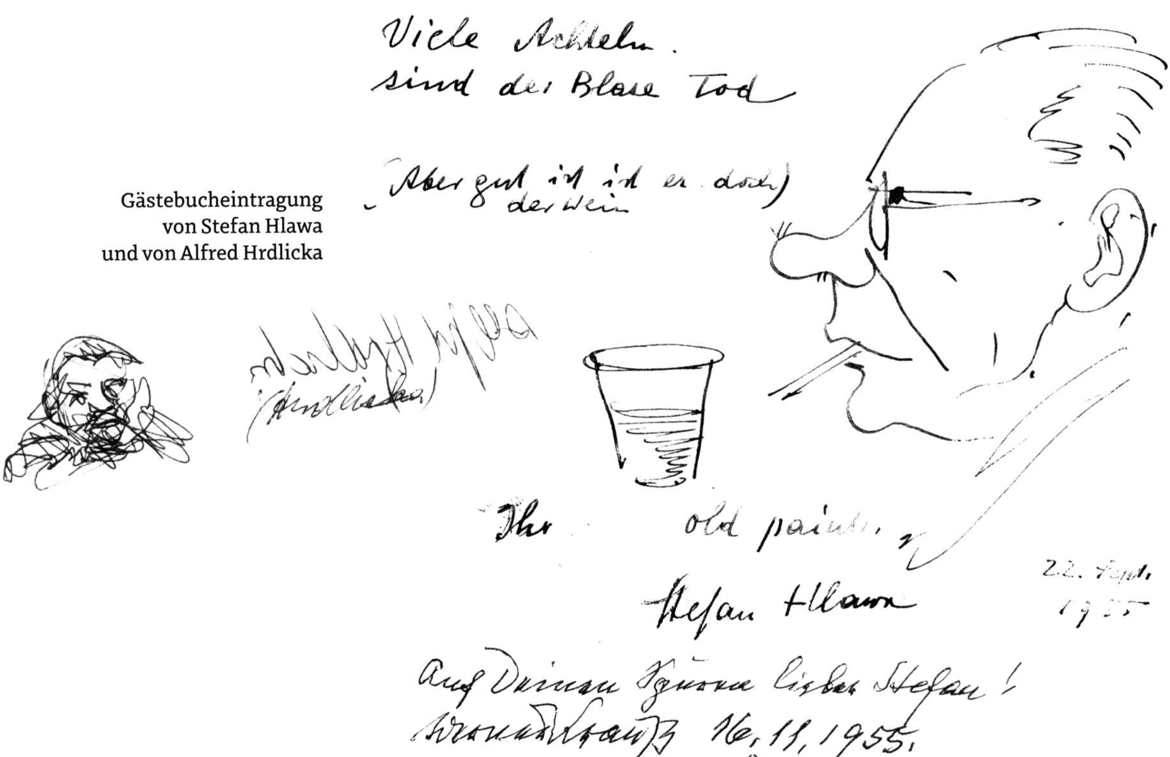

Gästebucheintragung
von Stefan Hlawa
und von Alfred Hrdlicka

Das Rezept zu den „speziellen" Krautfleckerl

KRAUTFLECKERL

Zutaten

- 500g Fleckerl
- 1 Großes Weißkraut (ca. 500g)
- 1 rote Zwiebel
- Kristallzucker
- 20 g Butter
- Salz & Pfeffer

ZUBEREITUNG

Zuerst putzt man das Kraut, entfernt den Strunk, viertelt und schneidet alles fein.
Danach gibt man das Kraut in eine Schüssel.
. Eine große Pfanne nehmen, Zwiebel (klein geschnitten) in Butter goldig anrösten, dann Zucker dazugeben, in heißer Butter karamellisieren lassen, am Schluss das Kraut beimengen.

. Das Kraut weich mitrösten lassen, dabei immer wieder umrühren. Das Kraut sollte eine leicht braune Farbe bekommen, nicht aber anbrennen.

. Die Fleckerln in einem Topf (dafür heißes Salzwasser und ein bisschen Öl) al dente kochen.

. Das Kraut am Schluss pfeffern und salzen, die Nudeln zugeben und nochmals zugedeckt für 5-10 Minuten mitrösten lassen.

. Zum Anrichten streut man fein gehackte Petersilie drüber.

Guten Appetit!

Wie seit 20 Jahren –
die besten „Fleischlaberl"
Herzlichst

Juni 96

Gästebucheintrag von Franz Antel

Danke für einen schönen Heurigenabend! Caroline Vasicek

Auf ein Wiedersehen! Herzlichst [illegible]

2. August 1996 „Bockerer II"

epo **Filmproduktionsges.m.b.H.**

Produktionsbüro:	Filmstadt Wien am Rosenhügel
1230 Wien,	Speisingerstr. 121 - 127,
Tel.:	888 45 66
Fax:	888 45 64
Set-Tel. Hermann:	**0663-08 17 27**
Handy Ernst:	**außer Betrieb**

"BOCKERER II"

Regie:	Prof. Franz Antel
Kamera:	Helmut Pirnat
Ausstattung:	Herta Pischinger Hareiter
Kostüme:	Uli Fessler
Ton:	Herbert Prasch
Prod.ltg.:	Geri Martell

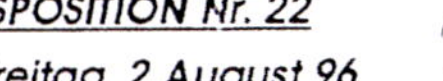
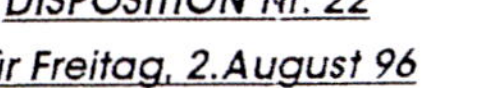

DISPOSITION Nr. 22

für Freitag, 2.August 96

DON PEPONE

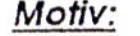

Motiv: *1)* **19., Höhenstrasse - Treffpunkt Häuserl am Roa Parkplatz**
2) **19., Rudolfinergasse 7 Heuriger Prillinger-Metzger**
Fr. Bachinger Tel.: 368 25 85

Special Notes:

1) *MOTIV 1:* ***Treffpunkt Parkplatz Häuserl am Roan**, M/G im Gasthaus Häuserl am Roan*

2) *MOTIV 2:* ***HV-Zone in der Rudolfinergasse, M/G im Heurigen nach Ansage AL***

3) ***AL, Regieassis: bitte rechtzeitig die Darsteller für Heuriger bestellen***

Allen ein schönes und erholsames Wochenende

Arbeitsbeginn		
Regie:	10:00 Uhr	*Mot 1*
Kamera:	10:00 Uhr	*Mot 1*
Ton:	10:00 Uhr	*Mot 1*
Ausst./Requi.:	eigen	*Mot 1*
M/up - WR:	9:45 Uhr	*Mot 1*
Licht/Grip:	10:00 Uhr	*Mot 1*
Restl. Team:	10:00 Uhr	*Mot 1*
Produktion:	9:30 Uhr	*Mot 1*
DREHBEGINN:	10:30 Uhr	*Mot 1*
ESSEN:	*n.A.*	*n.A.*
DREHSCHLUSS:	*n.A.*	*Mot 2*

Je schöner d´Anred, umso mehr „Maut“

Ein Original aus dem Bilderbuch, das war die langjährige, bis ins hohe Alter tätige Frau Manhart. Sie verschleuderte aus gutem Trinkgeld-Grund nur so die Titel – vom Kommerzienrat über Doktor, Hofrat bis zur adeligen Hoheit – und „Paradiesvögeln“.

Fr. Manhart mit Georg & Hedy Bachinger

Ja, auf die Frau Manhart dürfen wir nicht vergessen, ein Original aus dem Bilderbuch, die säuseln, plappern oder schimpfen konnte wie ein Rohrspatz. Sie hätte auch in jeden SW-Film an Hans Mosers Seite gepasst mit ihrer Erscheinung, dem watschelnden Gang und ihrer unverwechselbaren Art, das Klientel zu behandeln. Wie Ober alten Schlages in Wiener Kaffeehäusern, so verhielt sich die Frau Manhart als Heurigenkellnerin. Ob er wollte oder nicht, ob´s stimmte oder auch nicht, bei der Manhart kam kaum ein Gast davon, ohne dass er mit einem speziellen Titel bedacht worden wäre. Nach seinem Äußeren oder ihrem Gehabe wurden sie von ihr gleichsam geadelt. „Grüß´ Sie Gnä Frau oder schönen, guten Abend Herr Kommerzialrat, Hofrat, Diplomingenieur, Doktor, Konsul oder gar Kanzler, Adeliger oder Adabei, der in Gestalt des kleinen, manchmal giftigen Roman Schliesser immer wieder bei uns einkehrte. Roman, Gott hab ihn selig, war – nichts gegen Michael Jeannee, inzwischen längst der neue „Staberl“ der „Krone“ – wohl der

Fotos: Privat

Frau Manhart mit dem Schmid Hansl – und mit Prinz Alfi Windisch-Graetz

erste und zugleich auch letzte echte „Adabei", der die Nacht zum Tag machte, um für seine Krone-Kolumne tolle Stories zu erhaschen. Ein Floridsdorfer, der in Berlin als Kriegsjournalist arbeitete, bei Michael Graeter (AZ München) lernte, wie man Promi-G´schichten verkauft, in Europa und sogar USA gut vernetzt und darum in der Lage war, nicht nur an der Seite von internationalen Topstars zu posieren, sondern mit ihnen sogar zu dinieren. Und weil´s Pressehaus so nah war, auch bei unserem Heurigen als ländliche Stadt-Idylle im Kontrast zu 5-Stern-Lokalitäten. Natürlich bedient von Frau Manhart, die wusste, wie man zu gutem Trinkgeld kommt. Auch bei solch hohen Gästen wie Alfi Windisch-Graetz, dem Nachfahren eines der k. und k.-Ministerpräsidenten, passionierten Golfers, nicht nur Großunter-

„Grüß´ Sie Gnä Frau, Schönen, guten Abend Herr Konsul …"

Frau Manhart

www.maitre-leherb.at/

Maitre Leherb mit Lotte Profohs

nehmer (Kledering/Öl) und Boss im GC Enzesfeld, sondern auch Vizepräsident des Golfverbandes. Hochadel, aber wie man heutzutage Neudeutsch sagt: Down to Earth! Ihm war und mundete Wiener Hausmannskost allemal lieber als Angus-Steak aus Übersee...

Apropos Windisch-Graetz. Alfis Frau Mama zählte zu den geladenen Gästen einer Geburtstagsfeier von und für die erst heuer verstorbene Hetti von Bohlen und Halbach, geborene Auersperg, zu der Krethi und Plethi in einem seltsamen Mix aus Adel und Künstleradel, Millionären und solchen, die es vorgaukelten, geladen waren. Mit dabei auch einer der Mitgestalter des „Phantastischen Realismus", das Multitalent Helmut „Maitre" Leherb mit seiner weißen Ratte auf der Schulter und seiner Frau Lotte Profohs, ebenfalls Künstlerin. Als er an der Akademie studierte, spielte Leherb auch Handball. Darum hatte er, was kaum jemand vermutet hätte, ein Faible für Sport. Als solcher gab man ihm auch den Auftrag, die Briefmarke für die Olympischen Winterspiele 1976 in Innsbruck zu entwerfen. Leherb zu bitten, sich was Lustiges für Gästebücher, Funk, Fernsehen, Zeitungen oder was immer auszudenken, beantwortete er so: „Junger Freund, keine Sorge, damit beschäftige ich mich tagtäglich!" Zurück zu Gräfin Windisch-Graetz, der das Herz blutete, als die sah, dass trotz des gelobten, zu umfangreich-großzügig gehaltenen Buffets zu viel übrig war. Frau Gräfin im Brustton der sozialen Überzeugung: „Packen´s, bitte vielmals, alles ein, was noch da ist. Und bringen´s das dann zur Caritas. Wär´ ja ewig schad´drum ..." Damals möglich, heute – warum eigentlich, wenn´s Bedürftige bräuchten? – längst ausgeschlossen.

Ja, ich bin wirklich reich
ich habe
das göttliche Geschenk
die Gabe,
mit Wenigem vergnügt
zu sein
Ein Mägdlein, willig
mich zu küssen,
der Freunde viel
ein gut Gewissen
und täglich eine Flasche Wein
vom Metzger!

Rittmeister
vom Rhein

12. Juni 55

Peter Robert Battistella

(Brasilien)

Gerhard Mautner Markhof 5.6.57

Der phantastische Realist Leherb holte nicht nur als Maler zu großen Würfen aus – er war auch ein toller Handballer!

Noch schmeckt der Wein –
noch steht das Haus –
Gott erhalt es noch
lang!!.

Für viele schöne Stündchen
dankt

Wolf Neuhaus

13.09.75

Silvester ohne Dirigentenstab, aber mit anderen Legenden

Als Anita Karajan-Gütermann, Ex-Frau der Orchester-Ikone, zum Jahreswechsel zum Prillinger-Metzger geladen hatte, waren Kunst-, Künstler- und sonstige Freunde zu Hauf gekommen. Nicht nur dabei, sondern mittendrin das geniale Multitalent „Quasi" Qualtinger voll tiefsinnigem Humor. Und Filmkomiker Gunther Philipp konnte nicht nur besser als jeder andere mit den Ohren wackeln…

Wikimedia Commons

Anita Gütermann-Karajan, Ex-Frau des Star-Dirigenten, bat zum delikaten Silvestermenü.

Nicht während der üblichen Buschenschank-Öffnungszeiten, sondern zu einer der Jahreswenden hatte Anita Gütermann aus einer Seiden-Dynastie, geschiedene, zweite Frau von Herbert von Karajan, zu einer ganz speziellen Silvester-Party geladen. Wenn Anita rief, dann kamen Adel und Geldadel, Schauspieler, Salonlöwen und Partytiger. Mit dabei unter den 60 und mehr Gästen befanden sich unter vielen anderen Gesellschafts-Promis auch die umtriebige Prinzessin von Bourbon-Parma und das Kabarett-, Bühnen- und Autoren-Genie Helmut Qualtinger, der in der Daringer Gasse zwischen Sieveringer Straße und Grinzinger Allee wohnte.

Qualtinger hatte an diesem besonderen Silvester-Abend ausnahmsweise nichts Witziges oder Ironisches, dafür aber kriminalistisch Angehauchtes zu erzählen.

Michael Horowitz

Helmut Qualtinger, einmal vom österreichischen Fotografen Michael Horowitz abgelichtet und einmal als Selbstportrait aus dem Gästebuch

Schließlich war er erst aus Los Angeles eingeflogen. Wieso? Weil alle Darsteller am Hollywood-Hit „Der Name der Rose" – auch er, der Mönch Remigio de Varagine gespielt hatte – vom chinesisch-stämmigen L. A.-Obduktionschef Noguchi zum bestialischen Mord an Hauptdarstellerin Sharon Tate, Frau von Regisseur Polanski, bis in kleinste Dreh-Details befragt worden waren. Zu später Geister-Stunde warf Qualtinger, verkehrt auf einem Sessel sitzend, dann auch eine ganz andere, eher auf Sex bezogene, schlüpfrige Gretchenfrage (Schreibt man es mit P oder B?) auf, die ich den geneigten Lesern aber lieber oder leider vorenthalten werde/muss. Dafür kann ich Erlesenes anbieten, was Qualtingers erste Frau Leomare, Mutter seines Sohnes, in einem Touristikbuch über Döbling schrieb: „Wenn du aus der Straßenbahn aussteigst bei der Hofzeile, in die Silbergasse gehst und dann links einbiegst, dann bist du beim Prillinger-Metzger in der Rudolfiner Gass'n Nummer 7." Gratiswerbung vom Feinsten.

Privat

Silvestermenue

Zurück zum Silvester-Menü, das ich der p. t. Gütermann-Karajan-Gesellschaft auftischte und servierte. Da griff Schwergewicht Qualtinger, dem man den (angeblich) bekennenden Vegetarier nie zugetraut hätte, leider kaum zu. Schade, weil ich mir alle Mühe gegeben hatte, auch die verwöhnten Gourmets zur Feier des letzten Jahrestages mit g´schmackigen Gaumenfreuden zu verwöhnen – wie Silvester-Fischlein und Neujahrs-Schweinchen! Zum Hors d´ Oeuvre gab´s einen süßsauren Hering-Salat und Linsensalat (Glück und Geld im neuen Jahr), als Hauptspeise war darum auch Rustikal-Deftiges angesagt und in gekochter Form zu-

Raoul Retzer mit Gunther Philipp

bereitet – vom Schweinskopf bis zum Sauschwaferl mit Wurzelwerk und viel Krenn serviert. Zum Dessert gab´s dann Topfen-, Apfel- oder Kirschenstrudel samt weiteren Desserts, die mit Schampus, Weiß- oder Rotwein und Kracherl oder Almdudler runtergespült wurden. Und zu später (früher!) Stunde noch ungarische Gulaschsuppe. Paprika. Istenem!

Gunther Philipp kam, wenn er in Wien war, stets vorbei, nicht nur, aber auch, weil sein (Sub-Auspiciis promovierter Arzt-Sohn Peter) mit Bruder Josef in Volksschule und Gymnasium Kundmanngasse gegangen war. Philipp hieß bürgerlich Placheta, war in der Kriegszeit ein toller Brustschwimmer-Hecht, ehe er an der Uni den Doktor der gesamten Heilkunde machte, Militärarzt und danach erst als Komödiant in Nachkriegsfilmen, der mit den Ohren wackelte, zum allseits beliebten Star wurde. Mit wem tanzte er, stets einen Scherz auf der Zunge, damals an? Mit Freund Raoul Retzer, zu dieser Zeit eine Film-Institution (107 Streifen insgesamt), die sich hochgedient hatte. Gunthers Lieblingsgericht? „A Schweinsbraten mit dem köstlichen Erdäpfelsalat!" Anno 1998 (April) hielt er zusammen mit Robert Jungbluth auch die Laudatio für das vom Bruder Josef/Sepp verfasste Polster-Buch „Toni Doppelpack". Er und Polster hatten sich in Köln, wo Toni viele Tore schoss und Philipp (wegen Evi Kent) am Theater spielte, kennen- und schätzen gelernt. Das nur nebenbei.

„A Schweinsbraten mit dem köstlichen Erdäpfelsalat!"

Gunther Philipp

Womit wir bei Jungbluth angekommen sind, der mit meinem anderen Bruder Alfons in der zweiten Landhockey-Mannschaft des AHTC (Olympia) gespielt und über den Wiener Stadtschulrat, die Stadthalle bis zum Chef der Bundestheater und auch noch als Co-Direktor der Josefstadt die Karriereleiter emporgestiegen war. Jungbluth gehörte wie Dr. Heinz Gerö, Fußball-, Hockey-Präsident und Metzger-Anwalt, zu den alten Freunden des Hauses. Zu

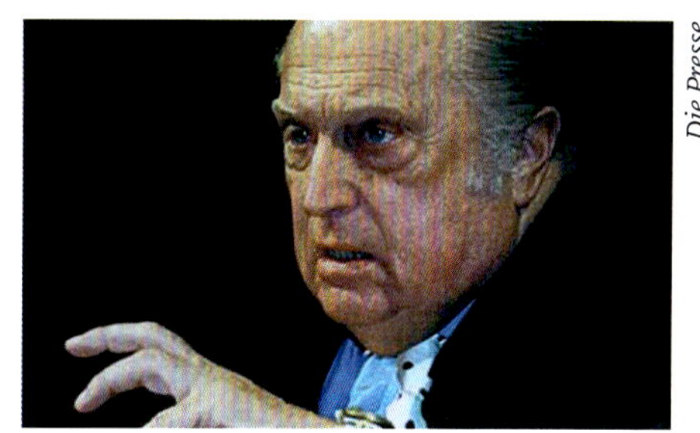

Die Presse

Robert Jungbluth

einer Film-Premiere oder Präsentation brachte er damals unter anderen den aufgehenden Stern Christiane Hörbiger, Heinz Ehrenfreund, Klaus Jürgen Wussow und Volksopernchef Karl Dönch mit. Wie schon sein Aufstieg beweist, so legte Jungbluth auch punkto Heurigenküche (s) eine „Vielseitigkeit" an den späten Tag oder einen frühen Abend; Vom „Fleischlaberl" bis Apfel- oder Kirschenstrudel zum Drüberstreuen, ihm hat´s immer gemundet. Und soviel ich weiß, auch den anderen Promis.

Christiane Hörbiger mit der Romy 2009

ERDÄPFELSALAT

Erdäpfelsalat als Beilage ist sehr beliebt und einfach zubereitet.

ZUTATEN

- 500g Erdäpfel (speckig)
- 1 Zwiebel (rot)

Zutaten für die Marinade

- 1 Prise Salz
- 1 Prise Pfeffer
- 1 Prise Zucker
- 1 EL Senf
- Öl, Essig (nach Geschmack)
- Lauwarmes Wasser

ZUBEREITUNG

- Die Salaterdäpfeln mit Schale in Salzwasser bissfest kochen, abgießen, mit kalten Wasser abschrecken, noch warm schälen und blättrig in Scheiben schneiden.

- Alle Marinade-Zutaten dazugeben und gut mit den Erdäpfelscheiben durchmischen.
- Zwiebel (rot) schälen, fein schneiden und auch zum Erdäpfelsalat geben.

Guten Appetit!

Der köstliche Erdäpfelsalat

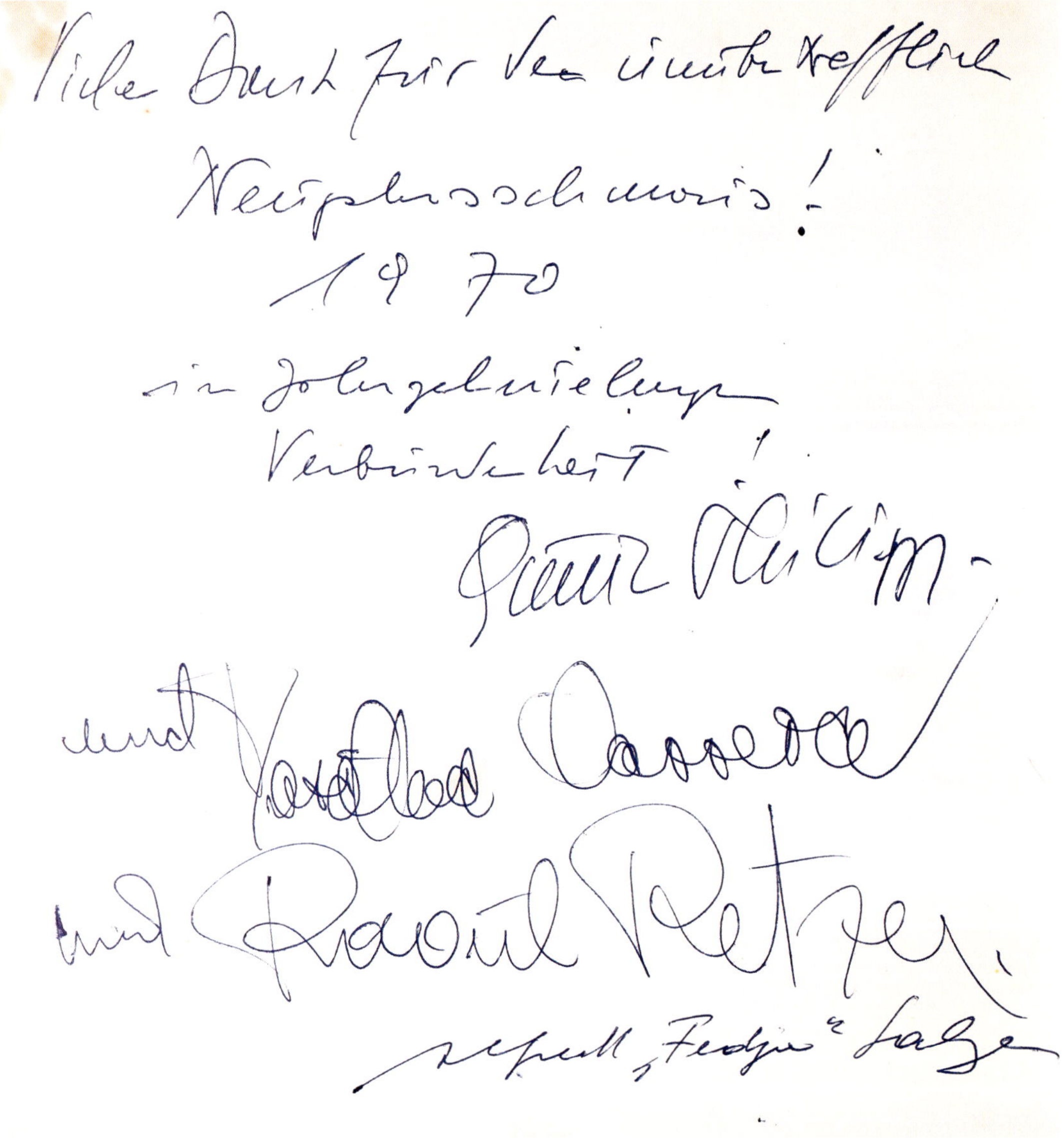

Schwarz auf Weiß im Gästebuch: Gunter Philipp und Raoul Retzer gingen nicht nur als beste Filmfreunde durchs Leben.

(21.8.81)

wurde heute geheiratet von
Dr Günther Blecha. Viele [illegible] –
Ich wünsche Ihnen [illegible] für das [illegible] –
u viel Glück [illegible] 21. August 1981

Ihnen, liebe Sonja und Günther wünsche ich,
daß Sie beide nie einen Rechtsanwalt brauchen!
Herzlichst
Birgit Sarata und [illegible]

„Gehn´s, i hätt´ lieber a Wurst in Essig und Öl!“

Von Präferenzen heimischer Minister bis zu Landesräten und Landtagsabgeordneten aus Südtirol, die nach ihren Wien-Studienzeiten uns/mir immer die alte Stammtisch-Treue gehalten haben – bis zu meinem 80er.

Thomas Lehmann

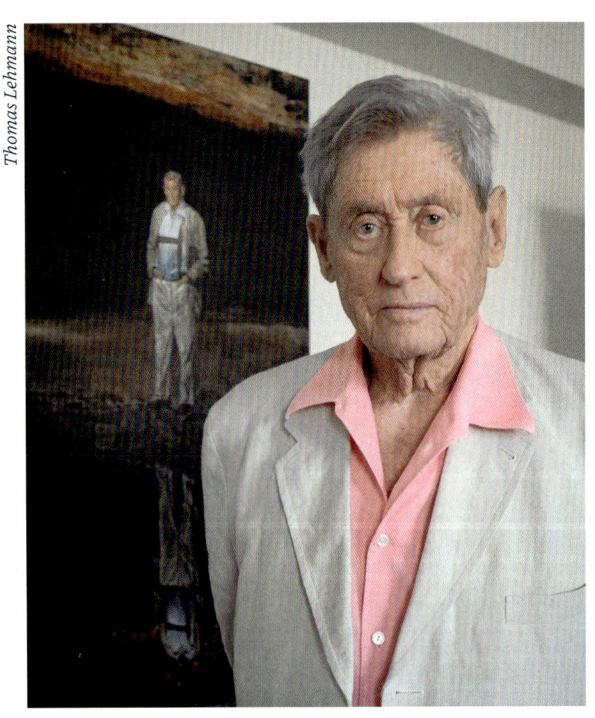

Hannes Androsch

Auch sonst gab´s ja immer wieder größere Gesellschaften, natürlich auch dann, wenn nicht ausgesteckt war. Da wurde dann – meist in der Hauerstub´n – ein Buffet bestellt und im kleinen Vorraum als einladender Augenschmaus gewissermaßen zum Anbeißen präsentiert. Zu den Gästen, die eingeladen waren, gehörten immer wieder auch Polit-Promis. Wie meine alte (Schul)Freundin Hilde Hawlicek, ihres Zeichens damals Unterrichts- wie Sportministerin. Mit ihr, der „wilden Hilde“, verstand ich mich von jeher sehr gut – und sogar unsere in dieser Hinsicht eher scheue Frau Mutter ließ sich mit ihr ablichten. Ein anderes Mal befand sich Hannes Androsch – weiß nicht mehr, ob noch Minister oder schon CA-Bänker – in einer illustren Runde, die sich am rustikalen Gourmet-Buffet delektierte. Aber nicht das, wonach es Hannes gelüstete. Er marschierte schnurstracks in die Küche, um mich zu fragen: „Sagen´s, könnt´i net a Wurst in Es-

Quelle © Rai Tagesschau

Bruno Hosp

sig und Öl ham, das wär´ mir viel lieber…?" Nichts leichter als das. Nur ein Handgriff aus der Vitrine…

Als eine ganz andere Freundschaft, aufgebaut durch mein (fast vollendetes) Geschichtsstudium bei den Professoren Santifaller und Zöllner, entpuppte sich die Verbindung zu Südtirol-Freunden, die in Wien (auch mit meinem späteren Mann Georg) studierten. Da war z. B. der Hias, der Hugo oder der Bruno, die es beide als „Ausgelernte" zu politischen Entscheidungsträgern bringen sollten. Aus Hugo, der bei uns wohnte, schlüpfte der erste ladinische Abgeordnete in Südtirol. Und Bruno Hosp, der bei uns wie die anderen Südtiroler hin und wieder aushalf, wurde noch vom legendären Landesvater Silvio Magnagno zum Kulturlandesrat bestellt. Ein Amt, das er auch unter dessen Nachfolger Luis Durnwalder (machte bei uns seine lustige Promotionsfeier im Jahre Schnee) ausübte. Wenn sie später manchmal wieder nach Wien gekommen waren, wurden sie wie viele andere Landsmänner südlich des Brenner vom gebürtigen Südtiroler und späteren ÖVP-Urgestein Andreas Khol eingeladen. Im Sog von Khol und Co befanden sich auch solch literarische Kapazunder wie Felix Mitterer oder Regie-Granden wie Ötzi-Filmer Friedl. Die Freundschaft mit den Südtirolern, obschon getrennt durch 650 km, überdauerte Jahrzehnte. Pech für mich, dass Bruno Hosp ausgerechnet bei meinem 80. Geburtstag

Thomas Lehmann

Hilde Hawlicek

Auch Stammgäste waren sich nie zu schade, bei der Weinlese alljährlich das Personal und die Familie zu unterstützen.

fehlte, weil er in einer seiner Funktionen in München bei einer Tagung teilnehmen hatte müssen statt mit mir feiern zu können. Die anderen Freunde aber waren gekommen – nicht mehr zum Prillinger-Metzger, sondern zum Brandl, dem jetzigen Restaurant in Grinzing ebendort, wo einst Judy Marchart, Frau vom Orsolics-Trainer Karl, residiert hatte. Geschichte, mittlerweile beim Brandl neu aufgeblättert.

Prillinger-Metzger war, auch dank privater Kontakte, eine gefragte Lokalität für diverse Pressekonferenzen, bei denen sich Gaumenfreuden mit Info-Mappen über zündende Ideen oder gut Geöltes optimal verbinden ließen. Nicht nur, aber vor allem der Sport war da am Wort, z B. mit PK´s von Castrol oder Bosch. Zu jener des letzt-

Fotos: Privat

Ob weiße oder blaue Trauben, sie locken zur Lese nicht nur alle Frauen.

genannten Konzerns hatte der sogenannte „Kerzerl-Graf" Schönborn, Verwandter des Kardinals, aber in der Autobranche daheim, geladen. Dabei kam´s im geselligen Beisammensein auch zum Austausch von auch maßlos übertriebenen Erinnerungen bzw. Anekdoten aus vergangenen Tagen. Wie in Ostafrika, wo sich Schönborn, genannt „White Hunter", mit seinem gräflichen Jagdgenossen Meran in der Nachkriegszeit getroffen hatte. Schönborn: „Ich hab´ immer mitgeschossen – meine Kunden aber haben in die Hos´n g´macht, wenn der Elefant aufmarschiert kam…"

Graf Schönborn

ORF

Der junge Niki Lauda

Nikis medialer Einstieg, Udos verschwundenes Piano

Als Lauda noch eine unbekannte Größe war, stellte er sich mit Peter Peter „Fäustling" im 908er-Porsche bei uns vor. Das Bösendorfer-Piano, auf dem Udo Jürgens bei einem Sporthilfe-Fest bei uns in die Tasten gegriffen hatte, war anderntags verschwunden. Eine „Krimi-Komödie" als Randgeschichte.

Zu unseren Heurigen-Gästen, die mehr essen konnten als sie trinken durften, gehörten auch die Rennfahrer wie Dieter „Quastl" Quester (Motorboot-EM, dann Formel V, Formel 2 und einmal sogar Formel 1 in Zeltweg, 9.), Handschuh Peter Peter, genannt „Fäustling", und ein noch ziemlich unbekannter, vom damaligen „Presse"

Wikimedia Commons

Porsche 908 und Dieter Quester

Auto-Motor-Redakteur Peter Urbanek betreuter Jungspund namens Niki Lauda. Er präsentierte vor seinem Sportwagen-Debüt auf dem Österreich-Ring (jetzt umgebauter Red-Bull-Ring) anno 1970 bei uns einerseits sich selbst, andererseits auch den PS-gewaltigen Porsche 908, der im Innenhof zwischen den Heurigentischen als Objekt der Begierde ausgestellt wurde.

Ein seltsames Motiv, aber absolut TV- und Printmedientauglich. Es war eine der ersten „Taten" des Eigen-PR-Genies, mit dem sich der spätere Dreifach-Formel-1-Weltmeister einen gewissen Bekanntheitsgrad über die Insider-Szene hinaus verschaffte. Und sich dabei auch so viel Selbstvertrauen holte, dass er bei seinem Erstauftritt unter den PS-Riesen mit dem „Fäustling" als Partner gleich den 5. Platz belegte. Was das Essen betraf, so tat sich Niki in den Vor-Dungl-Zeiten keinen Zwang an. Er delektierte sich wie alle Heurigengäste an Hausmannskost, wozu er wahlweise Soda oder Kracherln aus den damals so populären Privoznik-Flascherln mit dem speziellen Stoppelverschluss inhalierte. G´schadet hat´s ihm jedenfalls nicht. Und

Privat

Peter „Fäustling" Peter

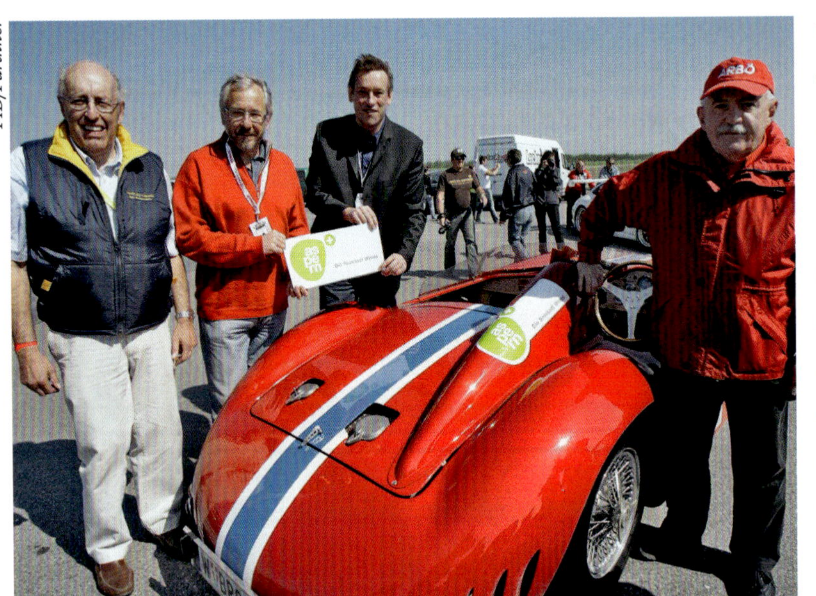
PID/Fürthner

Peter Urbanek (ganz. l.) kümmerte sich als erster Manager von Niki Lauda, dass seine Autos zeitgerecht vor Ort waren.

was Peter Urbanek betrifft, der seinen Schützling Lauda als Freund der Familie anno 1968 zum Festessen mit der frisch angetrauten Brigitte gebrachte hatte, so zieht er privat eine positive Bilanz: „Sie war (m)eine gute Wahl – drum sind wir nach 52 Jahren noch glücklich verheiratet mit Töchtern und Enkeln!"

Mit und dank der Vermittlung des schon vom Feuer-Inferno am Nürburgring gebrandmarkten Niki Nazionale war in den 80er-Jahren auch Schlager-Barde und Hitparaden-Stürmer Udo Jürgens als Stargast mit von der Party(ie) mit Größen wie Olympiasiegerin Trixi Schuba, Speerwurf-Bronzemedaillen-Gewinnerin Eva Janko, Abfahrts-Kaiser-Franz Klammer etc., zu der die Sporthilfe geladen hatte. Udo war nicht nur a(uch) dabei, sondern griff auch auf seinem mitgebrachten, exquisiten, sündteuren Bösendorfer-Klavier so grandios in die Tasten, dass am Ende alle bis weit nach Mitternacht, wenn nicht zu fortgeschrittener Morgenstund´ vor dem Lokal auf der Straße, sprich: Rudolfiner Gasse tanzten.

Kaum war unter anderen Hits auch das Eurovisions-Sieges-Lied „Merci Cherie" verklungen. Kaum waren die Handwerker frühmorgens wieder beim Umbau des Hauses am Werk. Kaum war meine Wenigkeit auf, da wurde ich auf höchst unsanfte Art und Weise richtiggehend wachgerüttelt. Ich traute meinen Augen nicht, als ich die Hauer-Stub´n inspizierte, wo bei der Party auch das Piano gestanden war. Alles Mögliche war dort von den Sporthilfe-Gästen vergessen worden, dafür war das fast unbezahlbare Bösendorfer-Klavier verschwunden. Einfach weg. Futsch. Mich hat fast der Schlag getroffen.

Anruf bei der Sporthilfe-Sekretärin, ob sie wisse, wo das Klavier ist, wer es denn geholt hat? Antwort: „Keine Ahnung, wo das hingekommen ist, wer es mitgenommen hat!" Auch von Udos Seite gab´s keinen Murrer. Mir stiegen angesichts des angstvoll vermuteten Millionenschadens schon die berühmten „Grausbirnen" auf. Was machen, wenn´s weg ist? Bin ich, sind wir verantwortlich? Wenn ja, wie soll ich´s bezahlen? Wär´s so gekommen, hätt´ ich mich zumindest im übertragenen Sinn „aufhängen können". Der Kelch ging ganz ohne Worte oder gar Schreiben an uns und mir vorüber. Bis heute, also mehr als 30 Jahre danach, hat kein Hahn nach dem Klavier gekräht. Anzunehmen, dass des unvergessenen Udo Jürgens` Heinzelmännchen bei Nacht und Nebel das sündteure Piano abgeholt haben. Andersrum: Gut ist´s ´gangen, nix is g´schehen. Ganz ohne Instrument

FRANZ PRASSL

LEUTE VON HEUTE

Mit einem privaten Udo-Jürgens-Konzert für vier Olympiasieger endete der 200. „Sport am Montag". Lesen Sie hier, was im Fernsehen nicht zu sehen war.

Bilder: Kristian Bissuti

Udo spielte bis die Sportler sangen und walzten: Klammer, Senekowitsch, Gusenbauer, Sigi Bergmann mit Trixi Schuba (von links)

Udo ließ die Sportler tanzen

Schade, daß da das Fernsehen nicht mehr auf Draht war: Denn mit einem **Udo-Jürgens**-Klavierkonzert für vier Olympiasieger, einer Weltrekordlerin, einem Exteamchef und einem TV-Präsentator ließ man Montag nacht die 200ste Sendung von „Sport am Montag" beim Heurigen „Metzger" höchst privatim ausklingen.

Und war die Sendung für meinen Gusto zu lang gewesen, so war der Auftritt dieser illustren Runde zu kurz. Wie oft hört man denn schließlich Olympiasieger **Franz Klammer, Karl Schnabl, Trixi Schuba** und **Manfred Stengl** (1964 Rodelgold in Innsbruck) sowie **Ilona Gusenbauer** und **Sigi Bergmann** ein Potpourri von „Mathilda" bis „Wien, Wien, dur du allein" schmettern?

Der TV-Präsentator ließ übrigens – was die Fernseher nicht ahnten – in dieser Sportshow mit Familienhilfe arbeiten. Denn das Mädchen, das am Ende der Show Udo Jürgens die Blumen überreichte, war seine neunjährige Tochter **Elisabeth**. „Papi, den kenn' ich doch gar nicht", wand sie sich anfangs gschamig, machte dann aber tadellos mit.

Zwei Stimmen fehlten allerdings, als sich die „Sport-am-Montag"-Runde so exklusiv anstrudelte. **Robert Seeger** und **Erich Weiss** hatten nicht einmal zum Umziehen mehr Zeit gehabt und hetzten in ihren brandneuen Sakkos, die ihnen Prominentenschneider **Peppino Teuschler** extra angefertigt hatte, zum 23-Uhr-Zug nach Italien, wo sie ab heute in Bibione Urlaub machen.

Für Udo Jürgens darf man ja nur hoffen, daß ihn das turbulente Zwischenspiel nicht außer Takt brachte. Denn er steht vor einem Höhepunkt in seiner langen Karriere und nimmt heute in der Berliner Philharmonie mit Karajans Hausorchester eine 10-Minuten-Single für seine neue LP „Udo '80" auf. Schwärmte mir Udo vor: „So etwas ist der Traum jedes Künstlers, einmal mit diesem Orchester aufzutreten. Ich hab' mit Karajan mehrmals darüber verhandelt, und er war irrsinnig hilfsbereit."

Das Lied, das er dabei aufnimmt, trägt den schlichten Titel „Worte" – Udo: „Ich sing' da von der Macht und Verantwortung des geschriebenen Wortes, etwas, das grad' die Journalisten nicht vergessen dürfen" – und weil's auch für seine Eltern etwas Besonderes ist, hat er sich eine Überraschung ausgedacht: „Ich hab' sie nach Berlin eingeladen, wo sie als einzige Zuhörer im Parkett der Philharmonie sitzen dürfen!"

Einer hatte an diesem Sportabend aber auch Schach im Kopf. Das war Unterrichtsminister **Fred Sinowatz**, der sich nach einem „G'spritzten", mit zwei Schachbüchern unter dem Arm verabschiedete, um anderntags gegen Weltmeister und Wien-Besucher **Anatoli Karpow** gewappnet zu sein.

Verriet mir Sinowatz: „Heut hab' ich mich nach sieben Zügen der ‚Spanischen Eröffnung' drücken können. Ich hab' einfach g'sagt, ich muß zu den Philharmonikern, was ja auch g'stimmt hat. Nur – i hätt' gar net mehr länger spielen können, weil ich vergessen hab', wie's weitergeht."

Sigi Bergmanns Tochter Elisabeth war Udos Blumenlady

Aufgeschnappt

● **Edi Finger** hatte nach seinem Herzinfarkt nur fünf Minuten bei „Sport am Montag" bleiben dürfen, schnupperte dann aber zwei Stunden lang Reportagenluft. Verriet mir Edi, wie sein erster Matchversuch (unter ärztlicher Aufsicht) verlief: „Ich hab' im Kurheim die letzten Minuten von Österreich – England vom Fernsehen weg gesprochen und mich gut gefühlt." Vorläufig aber bleibt er weitere drei Monate im Krankenstand.

● **Udo Jürgens** verteidigte **Ernst Wolfram Marboe** gegenüber Box- und Autorennenübertragungen im Fernsehen. Udo: „Besser, die Menschen reagieren sich dabei ab, als sie haun alles zsamm." Marboe: „I was eh, am liebsten würden s' Hinrichtungen sehn."

Lauda mußte zur Taufe seines Sohnes

Niki Lauda hingegen mußte seine Teilnahme an der Sendung überhaupt absagen. Er war mit einer dringenden Familienfeier entschuldigt. Niki ließ gestern – zweieinhalb Monate nach der Geburt – seinen Sohn auf den Namen **Lukas** taufen. Die Zeremonie fand auf Ibiza statt, wo seine Frau **Marlene** und das Baby seit drei Wochen im Haus von Schwiegermama Elena wohnen. Taufpate war **Michael Friesacher**, der Sohn des Salzburger Nobelwirtes.

Wikimedia Commons

Joe Zawinul

machte uns der Erdberger HBP-Klestil-Freund und Jazz-Piano-Weltstar Joe Zawinul die Aufwartung – er hatte den Metzger schon von der Landstraße her gekannt. Ohne Aufhebens lautete seine Devise: Bring your family. Unaufgeregt, aber witzig-humoristisch wie Billy Ramey, der deutsch-amerikanische Hitparaden-Stürmer ab den 50er-Jahren. Beide haben sich und sind damit im Gästebuch verewigt. Wen sah man noch des Öfteren mit Familie im Garten? Erraten: Arik Brauer, den Multikünstler, der malte, der schrieb, der dichtete, der musizierte – und ebenso gerne auch bei uns schnabulierte. Ein talentierter Multikünstler.

Wie ein anderer in einer ganz anderen Branche – Norbert Blecha. Der ehemalige Schwimmer, der erst als Stuntman, dann als Schauspieler und später als Filmproduzent nicht nur eine Hollywood-Bilderbuchkarriere hingelegt hatte, kam – meist mit Adabei Roman Schliesser, später auch mit dem schönen „Burg-Fräulein" Anja Kruse im Schlepp – auf einen Sprung vorbei. Sehen und gesehen werden, das gehörte zu seinem Job, den er aus dem Effeff beherrschte.

Wikimedia Commons

Norbert Blecha

Das Kontrastprogramm dazu lieferte der ebenso berühmte, gefeierte wie gehasste, streitbare wie umstrittene Dramatiker und Österreich-Kritiker Thomas Bernhard, der als Nestbeschmutzer nicht nur verbal immer wieder attackiert wurde. Bernhard

Barbara Pflaum

Thomas Bernhard

kam nur in Begleitung – oder soll man eher sagen: im weiblichen Schutz – seiner Weggefährtin Hedwig Stavianicek aus der nahen Obkirchergasse, die sein Lebensmensch (und Tante) gewesen war. Und der große Literat verkroch sich – im Sommer am liebsten im Garten – im hintersten Winkel, um nicht entdeckt, gesehen und zum Zankapfel von Andersgesinnten zu werden. Den Tod von Hedwig hat Bernhard übrigens in seinem letzten Roman („Alte Meister") verarbeitet, aber doch nicht wirklich rkraftet. Fünf Jahre nach ihrem Tod folgte ihr der Dramatiker, den sie noch als talentierten Sänger in St. Veit an der Glan bei einer Kur kennengelernt hatte. Bernhard wurde neben ihr auf dem Grinzinger Friedhof beigesetzt. Es war ihr letzter Wille gewesen...

25.6.79

Wien, wo sich Traum u. Leben, noch die Hände geben...

Udo Jürgens

Gästebucheinträge
Udo Jürgens
und Bill Ramsey...

Vielen Dank
und weiterhin
3 x To: ???

Bill Ramsey
Petra u.
25.4.92

Herzlichsten Dank für einen magischen Abend — ein Essen — eine Gastfreundschaft war großartig

[illegible]

Joe Zawinul

13.2.99

Wir kommen wieder!

[illegible]

…und Joe Zawinul

„Blau, wie geht´s eigentlich ihrer Frau?“

Welchen Couleurs auch immer, von Rot bis Schwarz, von Adel bis Geldadel, von Regierung bis Opposition, von Kolumnisten bis Opportunisten – im Memento Mori an den Journalisten Jacques Hannak versammelte sich mit vielen anderen auch Hochadel.

Wenn ausg´steckt war oder es private Einladungen gab, dann stand die Tür für alle offen. Ob High Society, ob Snobiety, ob Adel oder Geldadel, ob politisch Schwarze, Rote, Blaue oder Grüne, die in den 80er-Jahren mit Hainburger Au-Protesten unter Nenning populär geworden waren. In der Rudolfiner Gasse gaben sich alle die Klinke in die Hand. Wie im Gedenken an den Journalisten Jacques Hannak, der in der „Arbeiter-Zeitung“ (AZ) vor und nach dem 2. Weltkrieg medial für den Sozialismus gekämpft hatte, beim „Hannak-Heurigen“. Er selbst hatte ihn verfügt mit dem Wunsch, dass sich von zumindest eine Person jeder Partei jährlich einmal im Monat treffen sollten.

Manfred Werner

Karel Schwarzenberg

Und wer mischte sich da eher unerwartet unter die aus vielen, aber meist nicht allen politischen Couleurs gemischte Heurigen-Gilde, die auf den Verblichenen das Glas hob? Blaues Blut in Gestalt von Karl „Kari“, später Karel Schwarzenberg, seit der Adoption durch seinen Onkel neues Oberhaupt des fürstlichen Geschlechts. Es war, so könnte man sagen, das Hineinschnuppern des späteren tschechischen Außenministers unter Vaclav Havel und des danach geschlagenen Präsidentschaftskandidaten in die (Welt-)Politik. Kari, wie man ihn nannte, der des Tschechischen so mächtig war wie des Schönbrunner-Deutschen, ging übrigens ins gleiche humanistische Gymnasium in der Kundmann Gasse wie mein „Presse"-Bruder Josef „Sepp(l)" Metzger. Die Reitstiefel, die Kari in den 50er-Jahren getragen hatte, als er – so mein Bruder – stets 5 Minuten zu spät zur Schule kam, waren längst dem dunklen Anzug mit passendem Schuhwerk gewichen. Der auch sonst umtriebige Kari lernte so, wie durchs Reden auch verschiedenste Polit-Geister zusammenkommen.

Wikimedia Commons

Freda Meissner-Blau

Mit von der Hannak-Heurigen-Partie waren damals auch so bekannte Gesichter wie Josefstadt-Liebling Stephan Paryla, Volksschauspieler Kurt Sowinetz, Starjournalist Lucian O. Meysels oder die Grüne-Präsidentschaftskandidatin Freda Meissner-Blau, die erst etwas später und nach ihrem Ehemann (AZ-Chefredakteur 1967 – 1970), zur Gesellschaft stieß. Weil Paul Blau eher kleinwüchsig war, kam es in Fredas Abwesenheit zu einer fast possenartigen Begegnung mit dem ebenfalls anwesenden, gut 1,90m großen damaligen französischen Botschafter. Er beugte sich runter zum kleinen, aber giftigen Freelance-Kolumnisten, um ihn zu fragen: „Sagen Sie, verehrtester Blau – wie geht´s denn eigentlich ihrer Frau?" Es könnte auch aus der Feder von Torberg geflossen sein…

ORF

Kurt Sowinetz

Thomas Lehmann

Der ehemalige Bundespräsident Heinz Fischer...

Als die Hannak-Gruppe noch viele Gäste umfasste, traf sie sich in der größeren Hauer-Stube, die aus einem Vorraum und zwei größeren Räumen bestand. Als langsam weniger gekommen waren, einigte man sich auf den kleineren Vorraum zur Küche. Ein voreiliger Beschluss, weil eines Tages alles kam, was Rang und Namen hatte – und die Hauer-Stub´n schon belegt war. Also setzten sich so illustre politische Gäste wie Bundeskanzler Sinowatz oder der damalige SPÖ-Klubchef und nachmalige Bundespräsident Heinz Fischer bereitwilligst draußen im Hof an den ersten Tischen hin – und wurden von einem Gewitter mit Platzregen überrascht! Und Sinowatz angesichts durchnässter Kleidung bis zum Hinterteil von seinem Stehsatz eingeholt, der lautete: „Alles ist jetzt sehr kompliziert!“

Thomas Lehmann

...und der ehemalige Bundeskanzler Fred Sinowatz.

Nicht einfach war es mitunter für das Kellner-Ehepaar Renate und Franz, wenn´s ums Bezahlen ging, weil manch einer, ob schon illuminiert oder absichtlich, ohne Obolus zu leisten von dannen ging. Also musste Frau Renate auf Intervention des Chefs der Diplomatischen Akademie jedes einzelne Viertel gleich verrechnen, was ihr bei den anderen Gästen den Verruf der Gier eintrug. Sie trug es mit Fassung und ganz entspannt, weil das Gros der Gäste die Spendierhosen anzog, um Herrn Franz oft doppelt so viel Trinkgeld zu geben – nicht wissend, dass er die bessere Hälfte Renates war. So wurde, ganz im Sinne und zum Wohle des Kellner-Ehepaares, statt der leeren linken die rechte Tasche aufgefüllt. Wer zuletzt lacht, lacht am besten.

HANNAK – HEURIGER

8. III. 1995

ORF

Fußball-Teamchef Karl Stotz kam nicht nur, wenn Österreich den Scherm aufhatte – auch nach Siegen wie gegen England.

Nach dem 4:3 gegen den „Lehrmeister" (sie sind's immer noch) England, schmeckt der Wein besonders gut.

Karl Stotz

„Interview erst, wennst das Glasl ex trinkst!"

Auch wenn Vienna-Sektionsleiter Mandl einen eigenen Heurigen hatte – mit seinem Nachfolger, Ex-Teamspieler Rudi Röckl, gastierte er oft bei uns. Für Bruder-Schüler Peter Linden gab es bei ihm eine spezielle „Aufnahmsprüfung". Und Karl Stotz schaute als Teamchef am liebsten nach Länderspielen vorbei, um abzuschalten vom Fußball.

Aber der Anekdoten gab es sowieso viele, vor allem, was Künstler, Lebenskünstler, Journalisten und Unternehmer, aber auch den Fußball und da besonders den First Vienna Football Klub betrifft, der auf der nahen Hohen Warte daheim war und ist. Sektionsleiter ebendort war ein anderer Heurigenbesitzer, der Mandl neben der Karmeliter Kirche in der Paradisgasse. Das allerdings hinderte Mandl (leider hat auch sein Heuriger längst zugesperrt) keineswegs, manch feuchtfröhliche Abende im

Kreis seiner blaugelben Kommilitonen inklusive den Klub- und Rudolfinerhaus-Ärzten (Schürer, später der leider zu früh verstorbene Chefarzt Dr. Alfred Stiskal) – beim „Konkurrenten“ Prillinger-Metzger zu verbringen. Nicht nur dabei, sondern mittendrin war der am grünen Rasen grimmige Nationalspieler Rudi Röckl, der auch abseits davon kein Kind von Traurigkeit war. Wenn der gelernte Ingenieur Rudi, der später auch eine Chefrolle bei der Vienna übernahm, nach ein paar kräftigen Schluck Weins so richtig in Fahrt gekommen war, packte er kuriose bis groteske, witzige bis absurde Fußball-Stories aus. Etwa, wie wann wo man am Transfermarkt mit weniger „Zwirn“ (Geld) die anderen Großklubs a la Rapid und Austria auszubremsen versuchte. Wie man, als die US-Besatzung das Hauptfeld für American Football okkupierte, trotz fast rasenlosem Nebenplatz damalige Granden wie (National)Tormann Kurt Schmid (vom Sportclub) oder den Stürmer Dr. Josef Epp (LASK), ebenfalls Teamspieler, noch einmal auf die eher triste Hohe Warte locken konnte. Es zahlte sich aus, weil Blau-Gelb damals tatsächlich First Vienna wurde, nämlich Fußballmeister…

Wikimedia Commons

Rudi Röckl

Rudi Röckl (Devise: „Wer steht, der liegt!“) war nicht nur ein beinharter Kicker gewesen, nicht nur ein durchschlagskräftiger Funktionär, sondern auch ein tüchtiger Unternehmer, der – nein: nicht in Döbling, sondern in der Quellenstraße in Favoriten – einen großen Elektrohandel führte. Erfolgreich so nebenbei, heutzutage unvorstellbar. Rudi war trinkfest – und diese Trinkfestigkeit forderte er auch von einem der Schüler meines „Presse“-Bruders Josef, dem späteren „Krone“-Fußballchef Peter Linden. Lassen wir Linden über seine Erstbegegnung mit dem Vienna-Original selbst reden. „Es war erst meine zweite Story für die Presse – Gerhard Zimmer (+2013), selbst glühender Vienna-Fan, schickte mich auf die Hohe Warte, um Sektionsleiter Röckl zu interviewen. Daraus wurde, gegen meinen Willen, aber auf Röckls Wunsch,

Peter Linden

eine b´soffene G´schicht. Warum? Weil Röckl von mir verlangte, dass ich ein Viertel Wein ex trinken müsse, bevor er mit mir spricht. Ich hab´s getan, war aber erst 19 und hab wenig bis nix vertragen. So hab´ ich schließlich mein Interview bekommen – aber da war ich schon etwas benebelt!"

In der illustren Runde, in die sich u.a. die Vienna-Legenden wie „Wunderteam-.Poldl" Hofmann oder Karl „Juderl" Decker (Installateur von Beruf) mischten, fachsimpelten und diskutierten auch Trainer wie Ernst „Bani" Hlozek und Otto „Walze" Walzhofer – und ein Vienna-Fan auf Gedeih und Verderb, der ihr Jahrzehnte die Stange hielt, auch als es bergab ging bis in die 5. Liga. Und wer war das, der auch sonst stets bei unseren Heurigen mit Frau Gertrude und (Dr. med.) Tochter Sandra am Stammtisch saß? Anton „Toni" Hink, der „Pasteten-Hink". Er war nicht nur beim Essen und Trinken dabei – Hink zählte auch zu den Sponsoren der Blaugelben. Nicht nur in Naturalien, wenn Medien in Spielpausen verköstigt wurden und immer noch werden. Er hatte, so könnte man sagen, blaugelbes Blut, denn immer wieder kündigte er in den 70er-Jahren an, „dass die Vienna im Parc des Princes von Paris im Europacupfinale spielen würde. Irrtum. Es war dann nicht die Vienna, sondern die Wiener Austria…

Er war es, der den von Bruder Josef von der APA zur „Presse" gelotsten Hans Huber (später kurzfristig auch ORF-Sportchef) zum Prillinger-Metzger „verschleppte". Hubsi, wie er gerufen wurde, goutierte zwar die Küchengerichte, allein, er war strikter Anti-Alkoholiker, der keinen Tropfen getrunken oder gar vertragen hätte. „Mich", sagte er damals zum Hink Toni, „bringst nimmer daher!" Später kam er doch immer wieder vorbei frei nach dem Adenauer-Prinzip: „Was kümmert mich mein Geschwätz von gestern."

Wie man dem Gästebuch entnehmen kann, gehörte auch der elegante, eloquente, Schreibmaschinen-Vertreter, Kindermode-Verkäufer, Austria- wie Nationalteamverteidiger und spätere Teamchef Karl Stotz zu jenen, die gern in die Rudolfiner Gasse Nr. 7 kamen. Am liebsten tat es der Stotz Karli, auf die älteren Tage in Seefeld mit der Hotel-Klosterbräu-Tochter Sylvia Seyrling verheiratet, immer nach (nicht nur verlorenen) Länderspielen. Entweder hob er das Glas auf Siege wie 1979 nach dem 4:3 gegen den Ex-Lehrmeister England – oder er spülte den Frust runter, wenn´s eigentlich gar nicht schief gegangen war wie nach dem 0:0 in Sofia. Ihn hatte ÖFB-Chef, Gewerkschaftsboss und Minister Karl Sekanina (Kosename: „Mittelstürmer der Nation") trotz erfolgter WM-Qualifikation (1982/Spanien) kurzerhand gefeuert statt gefeiert. Für Stotz unverständlich, aber er trug es dennoch mit der gehobenen Nonchalance und Noblesse, die ihn auch etwas zum Außenseiter des Fußballgesellschafts machten. „Schauen Sie", pflegte er zu sagen, „entweder hast du Klasse oder du hast sie halt nicht!" In seinem Lebensabend tauschte Stotz den Lederball gegen die Golfkugel.

Fotos: Privat

Feschak Frank, Dressman Hans

Zurück zur Vienna, die u. a. auch dem leider früh von uns gegangenen Dr. Hermann Michelitsch am Herzen lag. Hermann, ein PR-Genie der Extraklasse, war dem Heurigen seit Jahren durch die enge Freundschaft mit unserem Cousin Hans Frank (langjähriger Volksopern-Statist, Jugend-Freund von Dagmar „Dagi" Koller und Dressman, der aber nur als Foto-Modell diente, nicht über Laufstege lief) eng verbunden. Im Soge des unvergessenen, unersetzlichen Hermann Michelitsch kamen erst die Volksoper- und sonstigen Künstler, später als rechte Hand seines Rank-Xerox-Chefs, Vienna-Sponsors und Präsidenten Heinz Werner Krause (heuer verstorben) weitere Vienna- und Fußball-Fans in die Rudolfiner Gasse. Am 1. Februar 1980 wurde ebendort von Mi-

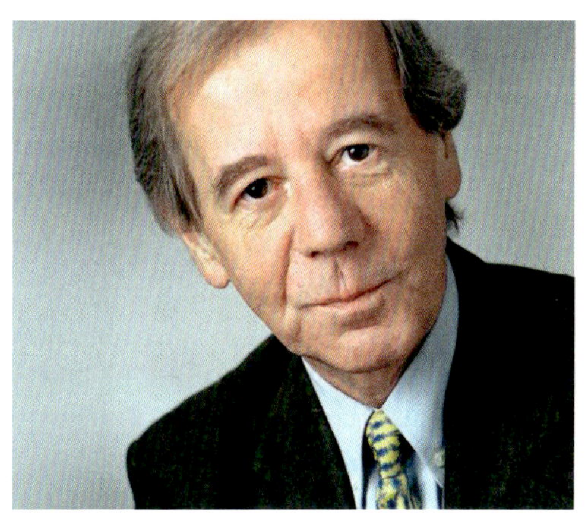

Dr. Hermann Michelitsch

chelitsch und Freunden auf den sensationellen Krankl-Transfer auf Leihbasis vom großen FC Barcelona zum Abstiegskandidaten Vienna angestoßen, der kurz vor Mitternacht des 31. Jänner in einem engen, dramatischen Wettrennen gegen die Uhr per Telefon und (heute kaum mehr bekannten) Telex an den ÖFB fixiert worden war.

Michelitsch war ein Public-Relations-Impresario vom alten Schlag, sprich: mit Handschlag-Qualität. Versprochen, bemüht, gehalten war stets sein Motto. Auf ihn war immer Verlass – ob beruflich oder gemütlich wie dann, wenn er mit der Volksopern-Partie eine Heurigen-Party organisierte. Schließlich gehörte er nicht nur wie Hans Frank oder Peter Hartmann (Sohn des NÖ-Landeshäuptlings u. Landwirtschaftsministers) zu den Edelstatisten des Opernhauses am Währinger Gürtel. Durch seine Langzeit-Freundin, die Ballerina Christl Klein, war der Medizin-, spätere Jusstudent und Rank-Xerox und ÖMV-PR-Gigant sozusagen auch mit der Volksoper liiert. Da sich Sänger wie Tänzer dessen sicher waren, dass bis Mitternacht aufgekocht und aufgetischt wurde, tanzte die Volksopern-Gilde oft zu später Stunde nach den Vorstellungen an, um Platz zu nehmen am hintersten, großen rechten Tisch des Stammlokals: Da kamen Hermann und Christl, die Primaballerina (Professor) Hedi Richter, Iris Schatt-Schneider, spätere Lohner, noch spätere Freiherr von Stein, auch Dagmar, Harald Serafin, der Kammersänger Hans Kraemmer, Opernstar Heinz Zednik, der Korrepetitor (und spätere Co-Direktor) Alfred Koller sowie der unvermeidliche, gesellschaftlich stets präsente Ensemble-Tänzer „Heuli“ Heuberger. Ihn konnte man trotz seines fortgeschrittenen Alters immer noch und schon wieder bei Events oder sonstigen Anlässen treffen – wie etwa bei der Weihnachtsfeier des Echo-Verlags beim Meinl am Graben (2019). Oder nach einer Komödie-am-Kai-Vorstellung beim „Kra-Kra“ mit Mädchen-Malerin Maria Lahr und Schauspielerin Edith Leyrer, die als frühere Simpl-Kabarettistin stets Witze oder aber meist locker-kluge Wortspiele auf den Lippen trägt. Auch der junge Alfons Haider verewigte sich anno 1989 nach der letzten „Liebelei“-Vorstellung in der „Scene“ im Gästebuch. Mit zahlreichen anderen bekannten Schauspielern.

Die „Vienna" feiert einen Sieg bei gutem Wein
wie kann's in Döbling anders sein!
Für den nächsten Sieg gibt er uns die Kraft,
denn dies wär für uns die „Herbst Meisterschaft"
setzt sich dies dann im Frühjahr fort,
an MEISTERTITEL bleibt im ORT!

DIE VIENNA!

Friedmann

Otto

Rudi Rockl

Rudolfinerg. am 18.XI.56

Horvath

Gästebucheintrag Vienna

Hildes Gesellschafts-Spiel Einmal Einzi, zweimal Stolz

Mit der im In- und Ausland hochgeschätzten Literatin ließen es sich auch andere Schriftsteller wie Julian Schutting oder Kunstreferenten und Komponisten bei uns am Abend gut gehen.

Zum Stamm-Klientel zählte auch die mit dem Literaten Flesch-Brunningen verheiratete Hilde Spiel, u. a. Journalistin (schrieb schon als Gymnasiastin im Cafe Herrenhof, Herrengasse), FAZ-Korrespondentin, Buch-Autorin, Philanthropin und PEN-Club-Generalsekretärin. Spiel kam oft in Begleitung von ORF-Kultregisseur Axel Corti, Theater-Kritiker und Literat György Sebestyen (Kronenzeitung, Salzburger Nachrichten, Die Presse, Buchautor), aber besonders gern mit Julian Schutting, vormals Jutta Schutting, dem sie schriftstellerisch sehr verbunden war. So ungewöhnlich für Otto Normalverbraucher auch ihre Erscheinung, als Heurigen-Gast war Schutting die Normalität in Person, die sich brav hintanstellte beim Küchen-Buffet. Einer der Beweise, dass umso pflegeleichter, je bekannter und/oder berühmter die Menschen. Vor allem in der heutigen Gesellschaft, in der aus Mittelmaß schnell eine mediale Größe, wenn nicht Ikone, gebastelt wird. In Begleitung von Schutting befanden sich mit der Historikerin Brigitte Hamann auch mitunter

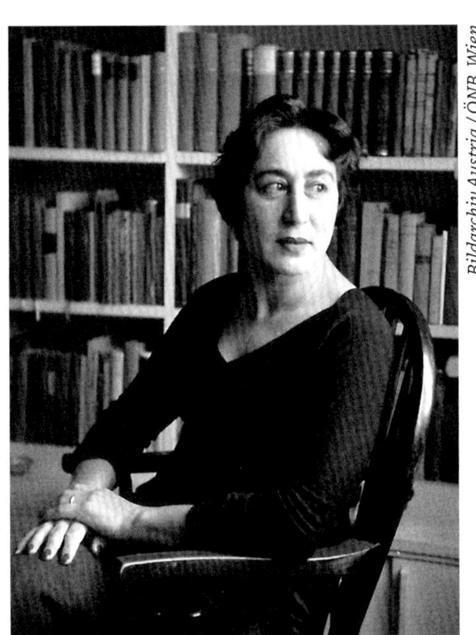

Bildarchiv Austria / ÖNB, Wien

Hilde Spiel

Jung und Jung V.

Hubert Kluger

Julian Schutting und Brigitte Hamann

der vormalige „Presse"-Kultur-Redakteur und spätere Staatsopern-Presse-Capo und „Die-Bühne"-Chefredakteur Gotthard Böhm – mit oder ohne Karin Kathrein („Die Presse", Kurier, Bühne), seiner Angetrauten. Gotthard, mit den „Metzger-Kindern" in der ersten Nachkriegszeit in Altmünster (beim Pesendorfer) aufgewachsen und vom Bruder Josef nach fast zwei „getrennten" Jahrzehnten erst 1964 in der „Presse" wieder getroffen, war eine gebildete, kunstsinnige, feine Person. Der „Gotthardl", wie er bei uns von Kindestagen an geheißen hatte, führte beim Heurigen auch seinen befreundeten Jung-Dirigenten Josef Stolz ein.

Josef Stolz allerdings war weder verwandt noch verschwägert mit „Einzi" Stolz, der Witwe des letzten, echten Wiener Operetten-Komponisten Robert Stolz (60 Operetten, darunter Die lustigen Weiber von Wien, Zwei Herzen im Dreivierteltakt oder Frühjahrsparade). Eine Gästebucheintragung von Einzi, der fünften und letzten Frau des Komponisten, erinnert an eine der Feiern, die sie beim Prillinger-Metzger zu organisieren pflegte. Ich bin mir da nicht so sicher, es scheint aber so gewesen zu sein,

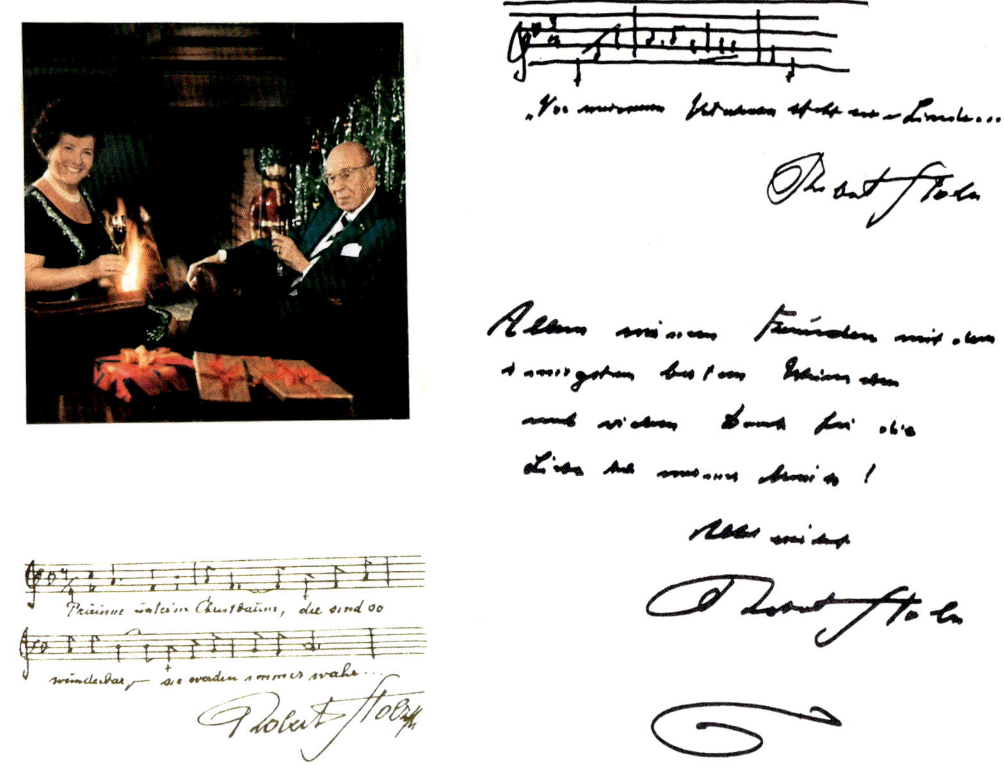

Operetten-König Robert Stolz war mit Einzi, seiner letzten Frau, ein Herz und eine Seele – auch bei uns, wie der Nachlass belegt.

dass es sich dabei um den „Leichenschmaus" ihres Robert gehandelt hat, der als Grinzinger auch bei uns in Döbling oft Gast gewesen war. Aber wenn ich bei Hochbetrieb in der Küche werkte (und schwitzte), wurde einem meist nur zugesteckt, was sich draußen im Garten oder aber in einer der vier Stuben (Stammtisch-Lokal, Hauer- und Bauernstuben) abspielte. Dass ausgerechnet das letzte (TV-)Interview mit Hilde Spiel beim Prillinger-Metzger gedreht wurde, war jedenfalls eine (traurige) Tatsache. Und alles, nur keine Anekdote.

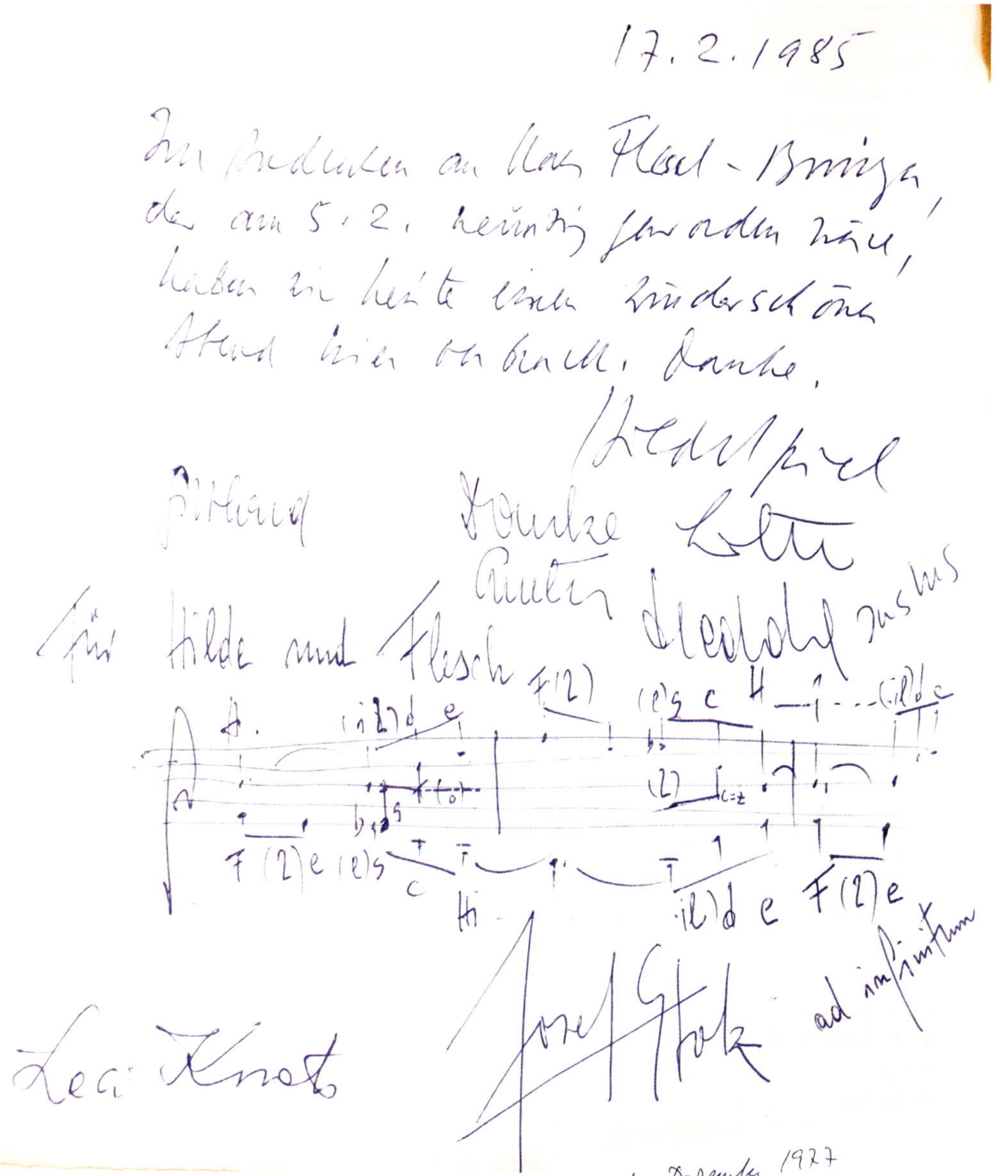

17.2.1985

Im Gedenken an Hans Flesch-Brunningen, der am 5.2. neunzig geworden wäre, haben Sie heute einen wunderschönen Abend hier verbracht. Danke.

Hilde Spiel

Für Hilde und Flesch

Josef Stolz ad infinitum

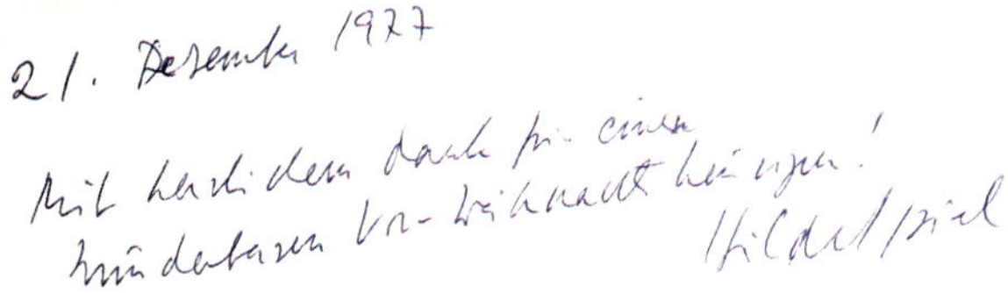

21. Dezember 1977

Mit herzlichem Dank für einen wunderbaren Vor-Weihnachts-Abend!

Hilde Spiel

Gästebucheintrag Hilde Spiel und Josef Stolz

Die Presse

Ilse Leitenberger, Gerd Bacher, Otto Schulmeister und Friz Molden

Wenn Otto ausholte, machten alle große Ohren

Schulmeister, Chorherr, Molden, Bacher und „Presse"-Karikaturist Gustav „Ironimus" Peichl waren eine verschworene Einheit, die in Wort und Schrift zu ihrer Zeit vieles diktierte.

Als „Die Presse" wie Kronen-Zeitung und Wochenpresse noch im Pressehaus in der Muth-Gasse 2 domiziliert war (13./14. Stock), wurden mit zahlreichen anderen Journalistenkollegen a la Roman Schliesser, Michael Kuhn und Bruders Schulkollegen Michael Jeannee (Wenn er zu uns kam, rief er schon im Hof: „Metzger, wo bist?") viele „Presse"-Redaktionsmitglieder schon der Nähe und des Rufs wegen zum Stamm-Klientel. Voran der legendäre, dem grandiosen Louis de Funes so ähnelnde Chefredakteur (und He-

„Metzger, wo bist?"
Michael Jeannee

rausgeber) Otto Schulmeister mit seiner Muse, der Kultur-Koryphäe Ilse Leitenberger, seinem Stellvertreter, Innenpolitik-Chef sowie späteren Nachfolger Dr. Thomas Chorherr und mit Gustav Peichl, dem großen Architekten und unverwechselbaren Karikaturisten „Ironimus“, auch dessen Frund Hans Hollein (Haas-Haus-Bau).

Wo immer Otto Schulmeister sich in einer Runde befand, ob bei der einst so populären TV-Diskussion der Chefredakteure von rechts bis Mitte und links (Schramm-Schiessl, Portisch, Kreuzer), ob beim Heurigen am liebsten in der Bauernstube, dort hatte Otto, der kleine Große, stets das Sagen und das letzte Wort. Als brillanter, unglaublich gebildeter, weitsichtiger Rhetoriker wurde Schulmeister (Vater u. a. von Clara, kurzzeitig Schulkollegin meines Bruders Josef in der Wasa-Gasse) als Kassandra verteufelt, der Politik wie gesellschaftliche (Fehl)Entwicklungen nach langem Zuhören anderer wortgewaltig und zielsicher ins Visier nahm. Der Einzige, der manchmal widersprechen durfte, war neben dem späteren ORF-Generalintendanten Gerd Bacher der ebenso messer-scharfsinnige „Ironimus“ Gustav Peichl, sein engster Vertrauter und Gefolgsmann, der ihn um mehr als ein Jahrzehnt überleben sollte. Was Otto in die Schreibmaschine tippte oder lieber diktierte, das brachte Peichl mit ein paar Federstrichen als ein gewisser „Anti-Deix“ zu Papier bzw. in „Die Presse“. Einige Jahre danach, als Gerd Bacher zwischendurch einmal nicht als ORF-General am Küniglberg kommandierte, sondern auch als „Presse“-Geschäftsführer zu seinen Molden-Wurzeln zurückgekehrt war, war, pflegte er mit Otto, nur noch Herausgeber, uns aufzusuchen. Bacher war in jeder Rolle ein Haupt- wie Selbstdarsteller von Format. Und nahm kulinarisch, was es gab – als Ski-Tiger und Schranz-Freund von St. Anton natürlich vom Frugalen bis zum Deftigen alles, was ihm geboten wurde.

ORF

Gustav Peichl

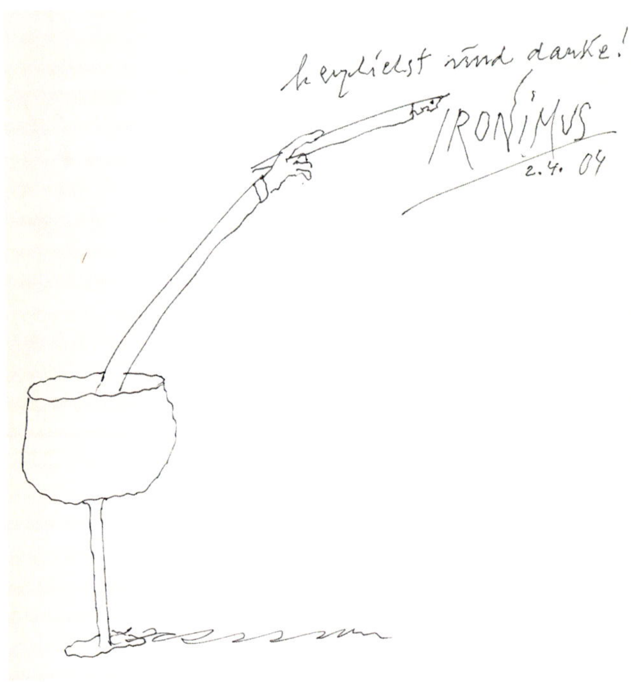

Gästebucheintrag Ironimus

Bacher und Schulmeister waren geschichtlich beschlagen – die wahren Granden der Geschichte aus dem Historiker-Institut und Heeresgeschichtlichen Museum wie die Professoren Wandruszka, Stourzh, Rauchensteiner (Arsenal) und Scheiblreiter trafen sich anlässlich des 80ers ihres hochdekorierten Kollegen Dr. Heinrich Appelt bei uns im Garten. Beim Essen und Trinken „verköstigten" sie sich auch mit G´schichterln aus der Vergangenheit, ehe die Nachspeis rief. Bestellt war eine Torte mit dem Wunsch, auf sie 80 Kerzen zu stecken. Fast eine Sisyphus-Arbeit für mich und meine helfenden Küchenhände, weil 80 Kerzen ganz schön viel sind auf einer Torte. Und auf dem Weg in den Garten blies der Wind, das teuflische Kind, manch einer Kerze das Licht aus … Am Ende brannten aber doch alle wieder…

Zurück zur alten Schulmeister-Runde. Ilse Leitenberger, die das intellektuell hochwertige „Presse"-Spectrum leitete, hatte als gläubige Katholikin aufgrund ihrer nahen Wohnung auch eine enge, starke Beziehung zu den Karmelitern in der Silbergasse, bei denen es zahlreiche spanische Jungpriester gab. Sie wurden von Leitenberger des Öfteren – nie vor oder nach der Vesper am Abend, sondern stets zu Mittag – zum Prillinger-Metzger eingeladen, um Hunger zu stillen und Durst zu löschen. Christlich Soziales für Ordensbrüder, die nach Ilses Tod für sie die Seelenmesse in der Karmeliter Kirche zelebrierten.

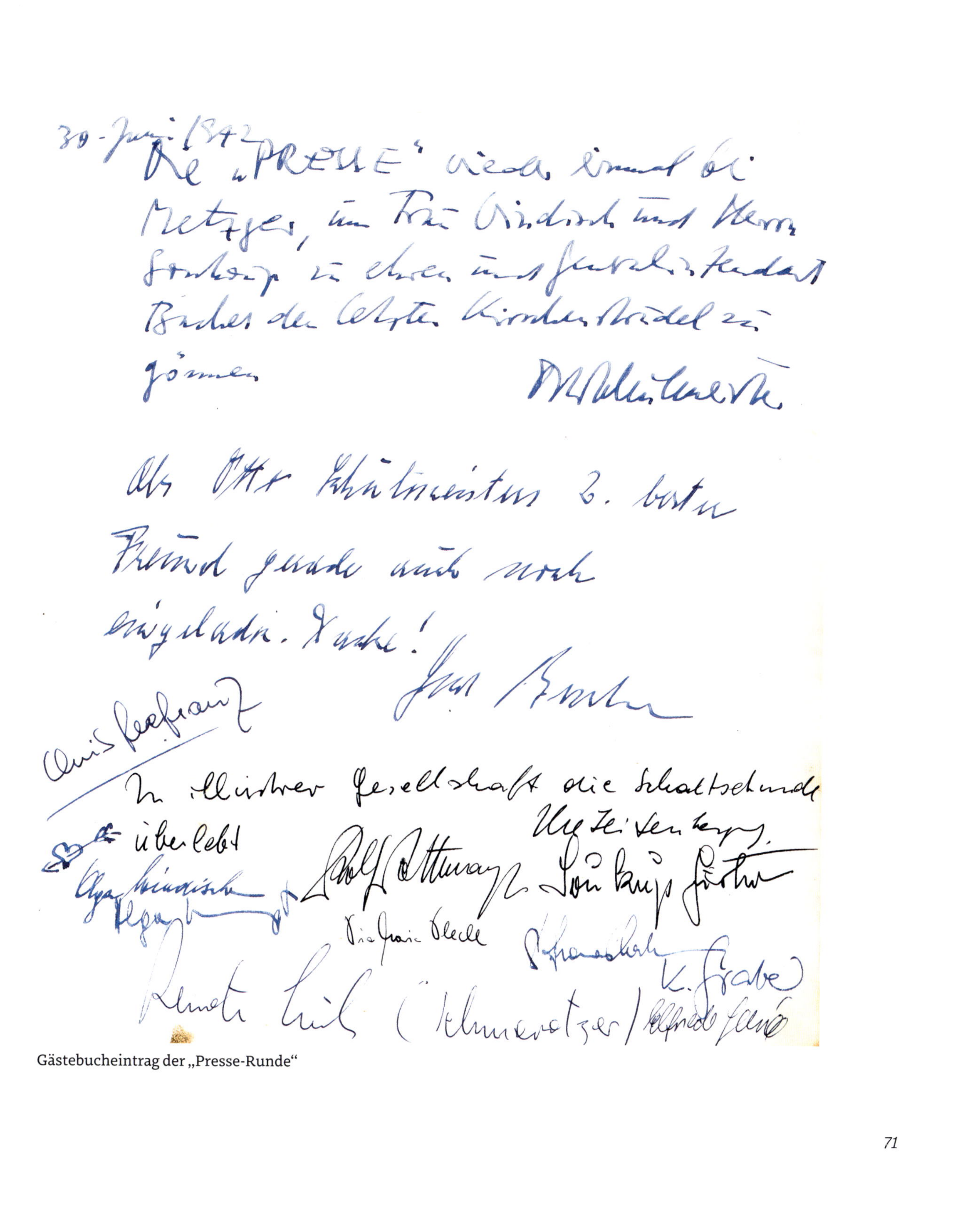

Gästebucheintrag der „Presse-Runde“

Ein letztes „Abendmahl“ mit seiner Familie

Niemand ahnte, als VP-Chef und Kanzlerkandidat Karl Schleinzer seine Familie zu uns eingeladen hatte, dass er kurz Zeit später tödlich verunglücken würde. Sein Nachfolger Josef „Pepi“ Taus, aber auch „rote Granden“, Blaue und Blaublütige, schauten vorbei.

Wenn wir schon dabei sind – selbstredend gaben sich auch viele Schwarze“ ein Stelldichein bei uns. Auch VP-Chef und Kanzlerkandidat Karl Schleinzer – just kurz vor seinem tragischen Unfalltod. Schleinzer hatte seine Familie um sich versammelt, so als hätte er geahnt, dass ihn ganz kurz danach bei Bruck an der Mur auf der Fahrt nach Kärnten das Schicksal einholen sollte. Er hatte es sich schmecken lassen, mehr gegessen als (Wein) getrunken. So zynisch-surreal es im Blick zurück auf diese Tragödie auch klingen mag – er hatte in der Rudolfiner Gasse das „letzte Abendmahl“ im Familienkreis genossen…

Kaum war er zwangsweise in die Politik getreten (worden), kaum wurde er nach Schleinzers Ableben zum neuen VP-Obmann gekürt, da lud Josef „Pepi“ Taus seine „schwarzen“ Mitstreiter rund um Mock, Neisser und Konsorten – ob zum Gedenken an Schleinzer oder auch nicht – nicht zum geselligen Beisammensein beim Prillinger-Metzger ein. Wie man aus seinem TV-Auftritten wusste, gehörte der g´standene Bänker Taus nicht gerade zu jenen Politikern, die mit einer – wie später Erwin Pröll – jovial-hemdärmeligen, beziehungsorientierten, unglaublich erinnerungsfähigen Gabe ausgestattet waren. Da er das wusste, überließ er Händeschütteln und Begrüßungsworte lieber seinem Nachfolger Alois Mock, der – mit Gymnasial-Direktorin-Gattin Edith im Schlepp – noch kerngesund und voller Optimismus auf die (allerdings lange Zeit trüben) VP-Zukunfts-Perspektiven mehr als nur ein Glas hob. Ja, wäre Mock nur so fit geblieben wie damals, dann...? Er schrieb noch Geschichte, indem er 1990 als Außenminister mit dem ungarischen Pendant Gyula Horn den Eisernen Vorhang im Burgenland zerschnitt. Allmählich aber holte ihn die unheilbare Krankheit ein, die auch verhinderte, dass er öfter mit Edith zu Gast bei uns sein konnte. Ein in den 70er-, 80er-Hochkonjunktorjahren unvorhersehbares Politiker-Schicksal.

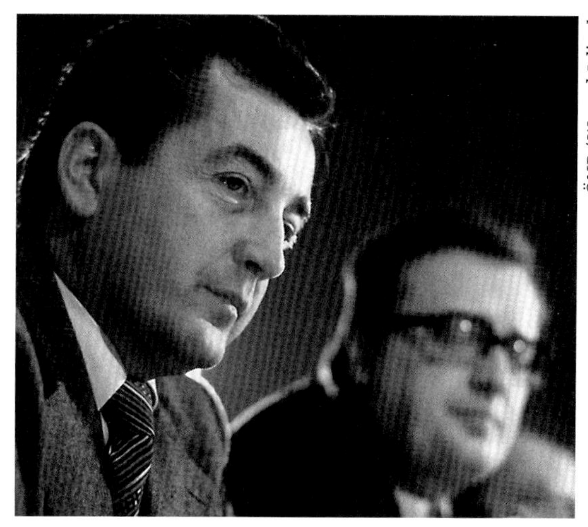
ÖNB / Wenzel-Jelinek

Alois Mock mit Josef Taus

Wie gesagt, das Couleur spielte keine Rolle, es ging um Geselligkeit und Gastfreundschaft, die man bei uns aus- und erleben konnte. So bedankte sich der FPÖ-Wäre-gern-und-Doch-nicht-Vizekanzler und 3. Nationalratspräsident Friedrich Peter, von Bruno Kreisky als FPÖ-Klubobmann geschätzt und oft konsultiert, für einen erholsamen Abend nach hartem Büro- und Politik-Tag. Und weil er wusste, dass es sich lohnt, nahm bei Speis und Trank auch Friedhelm Frischenschlager als FPÖ-Verteidigungsminister bei uns seinen Abschied vom Amt. Oder, wie er es im Gästebuch in Amtsanspielung ironisch nannte: „In Geselligkeit abgerüstet!" Nachsatz: „LG vom Reder..."

ÖNB / Wenzel-Jelinek

Ferdinand Lacina

Wenn wir schon Politik-Granden nennen, so dürfen wir auch auf SP-Größen nicht vergessen, die bei uns ein und aus gingen. So etwa hatte auch Verkehrsminister Minister Ferdinand Lacina aus Neustift am Walde seine Spuren im Gästebuch mit einer Persiflage hinterlassen. „Vom hohen ÖBB-Defizit zum noch größeren eine Station beim Prillinger-Metzger!" Oder Dr. Günther

Blecha, Bruder des gläubigen SP-Katholiken Charly Blecha (damals noch mit Gundi verheiratet), der für seine Hochzeit unser Lokal gewählt hatte. Und der Jurist aus Wels schloss nicht nur schnell Freundschaft mit meinem Mann – als Dank für den schönen Abend wurde er Mitglied beim Fußballverein Neuhofen bei Ried im Innkreis, woher Georg stammte…

Auch der spätere OÖ-Landeshäuptling Josef Pühringer kehrte am Tag vor einer Auszeichnung beim Hrn. Bundespräsidenten ein – für ihn selbstverständlich, als Oberösterreicher zu meinem aus dem Innviertel stammenden Mann Georg zu kommen, „weil ich mich bei euch ja wie daheim gefühlt hab'!" Pühringer und Georg hatten nicht nur den gleichen Zungenschlag (wie Nöwä für Nebel, Äpfü für Äpfel), sondern auch die gleiche Wellenlänge erwies sich als optimale „Unterlage".

Ein persönlicher Abschied von den Freunden
im Verteidigungsministerium
Bundesminister Dr. FRISCHENSCHLAGER rüstet ab
(–13.5.1986)

HERZLICHE GRÜSSE
DEIN REDER

Gästebucheintrag Frischenschlager

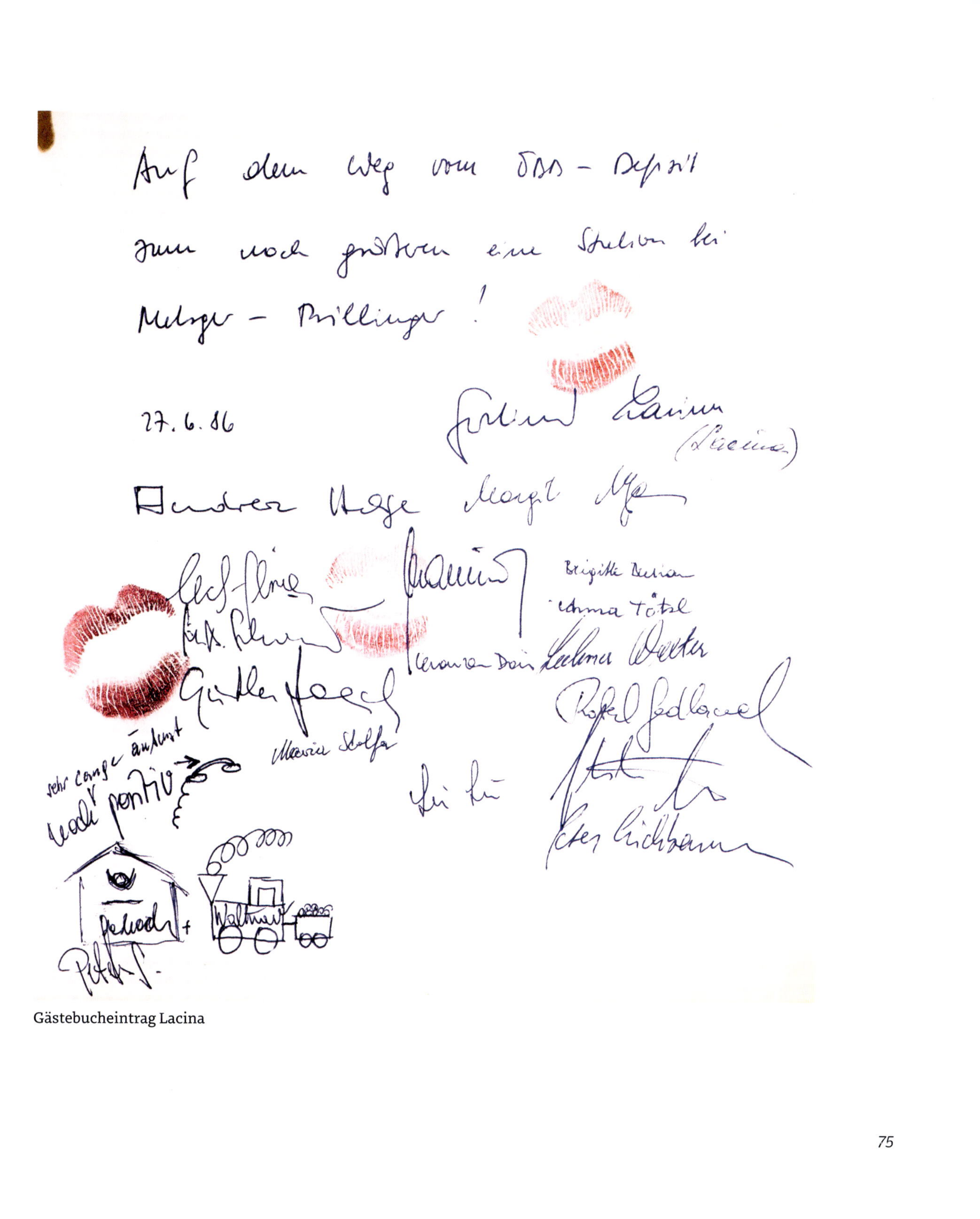

Auf dem Weg vom ÖBB-Depot

zum noch größeren eine Station bei

Metzger-Prillinger!

27.6.86

Ferdinand Lacina
(Lacina)

Gästebucheintrag Lacina

Presse/Clemens Fabry

Von einem Einem zum Maskenball & Heringschmaus

Der frühere Mehrfachminister und Bismarck-Ururenkel spielte Christkindl – die fröhliche Stammkundenrunde kam bei Gebackenen Mäusen ebenso auf Touren wie als Gourmets am Aschermittwoch auf ihre Rechnung.

Zu denen, die Feste feierten, wie und wenn sie fallen, gehörte zum Beispiel Dr. Skender Fani, der seine Hobby-Fußballer-Truppe, darunter Krankl und Hasil, aber auch der nie um kernige Sprüche verlegene, leider früh verstorbene Kleiderfabrikant Friedl Salzer, zu uns zum Christkindl einlud. Und das tat auch ohne Christbaum der frühere Verkehrs-, Wissenschafts- und Innen-Minister Caspar Einem, der unser Haus vom Hannak-Heurigen gut kannte. Also beschloss er, zur Abwechslung einmal eine Weihnachtsfeier beim Heurigen Prillinger-Metzger zu veranstalten. Einem, wer? Er war ein echter Linker – im Gegensatz zu seinem Vater Gottfried von Einem, dem Komponisten von „Dantons Tod" und anderen zeitgenössischen Werken, und einer geborenen Lianne von Bismarck, einer Urenkelin des historischen deutschen Reichskanzlers. Und Caspar wurde später auch Stiefsohn von der gefeierten Schriftstellerin Lotte Ingrisch, die mit Einem in dessen zweiter Ehe verheiratet war. So großbürgerlich der Vater, so „revolutionär" der Sohn, der SP-Karriere in der rotschwarzen Regierungszeit machte. Klar, dass er seine Freunde aus dieser Ära und natürlich seiner Partei zum „Christkindl"-Buffet einlud – auch von der OMV und aus Ministerien. Leute von Rang zu zählen war einfacher als alle Namen zu nennen. Viele Prominente vom Hannak-Treff waren jedenfalls, soweit ich mich erinnern kann, dabei. Oh du fröhliche…

Fots: Privat

Am fröhlichsten ging´s bei den End-Faschingszeiten zu. Tradition hatte das nicht nur, aber speziell für Stammgäste inszenierte Faschingsfest, zu dem alle Altersklassen, Kinder, Teenager, 20- 60-jährige, aber auch 80-jährige Damen wie zum Maskenball erschienen: Witzig gekleidet und so „maskiert", dass man sie höchstens an der Stimme erkannte. Und wenn der

Fotos: Privat

Höhepunkt an Narretei erreicht war, drehten sie im Gänsemarsch, Hände auf den Schultern, die Faschings-Runde im Lokal, aber auch rund um den Maulbeerbaum – sogar bei Kälte und Schnee, weil man innerlich schon etwas aufgewärmt war. Was gab´s zum Vino? Gebackene Mäuse und bunt gefärbte harte Eier! Die einfache Kost war alles, nur kein Spiel und Spaßverderber. Eher eine Stammgast-Familiengeschichte am Rosenmontag, den man (bevor uns das teutonische TV mit Mainz, wie es singt und lacht, semantisch anglich) schlicht Faschingsmontag nannte. Wie den Faschings-Dienstag, und dann den Aschermittwoch, Start zur Fastenzeit mit dem Heringschmaus – einer wahren Fülle an vor allem fischigen Leckerbissen: Herings-Salate, Thunfisch-Salat, gefüllte Eier und viele andere lukullische Genüsse, die kei-

Der Heringschmaus am Aschermittwoch gehörte mit einer Vielfalt und Vielzahl an Saurem und Süßem zu den Heurigen-Highlights.

ner Maske bedurften. Wie auch Blüten-Sülze. Einfach ein Augenschmaus zum Anbeißen. Völlerei statt Fasten. Wohl bekomm´s …

Bis zu den Ostern dauert´s bekanntlich. Und zu diesem höchsten Christen-Fest gab´s für (Stamm) Gäste was ganz Spezielles, welches ich für Familie und Freunde zubereitete: Sulz ohne Fleisch! Dazu hab´ ich Eier ausgeblasen, aus Gemüse und weiteren Zutaten dann die Sulz „gemixt", mit der dann die leeren Eierschalen gefüllt und in den Kühlschrank verfrachtet wurden. Zu Ostern nahm man sie heraus, schälte die Sulz von der Eierschale – und schon hatte jede(r) eine zarte Osterspeis bei, nein: in der Hand. Außer den „eingefleischten" Sulz- statt Suppenkaspern...

Von „Rädelsführer" Klausi und der Kitz-Ferienpartie

Da Bruder Alfons dank seine Skilehrer-Zeit am Arlberg und in der Gamsstadt von Toni Sailer abwärts alle Kitzbühel-Freunde wie Kitz-Fans bestens kennengelernt hatte, verbrachten Klaus von Rohrer, vormals Haslmayr, und dessen Kommilitonen, viele Stunden vom Garten- bis zum Innen-Stammtisch.

Nicht nur die Wiener Originale oder Prominenz hielten Hof, mit meinem Bruder Alfons, der in Jung-Twen-Jahren am Arlberg wie Kitzbühel auch Skilehrer gespielt hatte, kamen viele Freunde aus der Gamsstadt samt Kitz-Ferien-Hawara zum Prillinger-Metzger. Deren „Rädelsführer" gewissermaßen hieß Klaus Haslmayr, aus dem inzwischen durch familiäre Verstrickungen der in Aurach ansässige, immer noch umtriebige und für sein Alter unglaublich agile Hobby-Jäger Klaus von Rohrer geworden ist.

Klaus Wildbolz

Klaus, gleicher Schul-Jahrgang wie Sailer Toni, Leitner Hias oder Franz Prader, Kitz-Schneider himmlischer Hosen, brachte nach Wien mit dem Golf-Grafen Max Lamberg vom Schloss Kaps auch Karli Stöhr mit, der später als Jung- und dann Senior-Chef die Eggenberger Bierbrauerei in Vorchdorf und den Alpenzoo Grünau im Almtal übernahm. Auch Willi Loidl, als Cousin des Weltklasse-Abfahrers Sepp Loidl eine der ersten Rossignol Kundschaften des Importeurs Haslmayr, dazu der Fi-

Fotos: Privat

Klaus von Rohrer mit Peter Weck

scher-, Denzel-, Kneissl-, Sportalm-Tausendsassa Peter „Petzi" Pongratz, sowie Bühnen-, Film-, TV-Serienstar und Ski-Fan Klaus Wildbolz (damals noch mit erster Frau Gisela) rundeten – manchmal auch mit Hetty Auersperg , verheiratete Bohlen und Halbach – die Kitz-Clique ab, die am liebsten die Nacht zum Tag gemacht hätte. „Im Garten hinten hamma mit a poar Achtarln ang´fangen, wann´s frisch wurn isch, sei ma in die worme Stub´n neben der Kuchl von der Hedy ´gangen. Dort san a immer die Stammgäst´ g´sessen – und mit denen hamma ´gessen und trunken." Als g´schlossene G´sellschaft. Ende nie.

> ***„Im Garten hinten hamma mit a poar Achtarln ang´fangen, wann´s frisch wurn isch, sei ma in die worme Stub´n neben der Kuchl von der Hedy ´gangen"***
>
> *Klaus von Rohrer*

Klaus Rohrer war ein Wien-Insider, weil er hier nicht nur kurze Zeit lebte, sondern auch sportelte – als Basketballer bei Union Kuenring. Und wer gehörte zu seinen

Sportfreunden? „Der Vranitzky-Franz, der Basketball bei Union Hernals g´spielt hat, also an schworz´n Verein. Und durch seine Freundschaft mit dem Developer Georg Stumpf war er auch schon vor der Kanzlerschaft ein gern gesehener Gast in Kitzbühel. Beim Tiroler Hof, der Kommerzienrat Wolfgang Hagsteiner gehörte, dem Bruder des Star-Figaro und späteren Immobilien-Hai Ferdl Hagsteiner, ist er immer abg´stiegen!“ Das Erbe von Ferdl hat übrigens Ex-Figaro Sohn Manfred angetreten, eine schillernde Figur. Prillinger-Metzger aber ist mittlerweile Geschichte(rl). Und so kommt auch die (Wahl)Tiroler-Partie nimmer.

FASCHIERTE LAIBCHEN

Faschierte Laibchen oder auch Fleischlaibchen sind schnell und einfach zubereitet. Zu diesem Rezept passt gut Kartoffelsalat oder Kartoffelpüree und ein knackiger grüner Salat.

Die nach Franz Antel und Fritz (Senior-)Quester „besten Fleischlaberln der Welt“

ZUTATEN

1kg Faschiertes (gemischt)
2 Stk. Semmel
1 Stk. Knoblauchzehe (gepresst)
2 Stk. Ei
1 Stk. Zwiebel (angeröstet)
1 Prise Salz
1 Prise Majoran
1 Prise Pfeffer
Semmelbrösel
1 Schuss Öl

ZUBEREITUNG

- Die Semmeln im lauwarmen Wasser einweichen, herausnehmen und gut in einem Sieb ausdrücken.
- Die Zwiebel in kleine Würfel schneiden und in einer Pfanne mit einem Schuss Öl goldgelb anrösten.
- Das Faschierte in eine Schüssel geben und die Semmel, angerösteten Zwiebel, gepresste Knoblauchzehe, zwei Eier und restliche Gewürze daruntermischen (als Alternative Petersilie und Muskat). Alle Zutaten gut durchkneten
- Aus der Masse flache Laibchen formen und mit Semmelbrösel bestreuen.
- In der Pfanne Öl erhitzen und die Laibchen langsam braten, bis sie eine schöne braune Farbe bekommen.

Vor dem Kochen alles am Tisch vorbereiten, wenn möglich nur an Holzplatten schneiden. Gewürze aus Schüsseln nehmen, keine Salz- oder Pfefferstreuer verwenden.

Guten Appetit!

Georg Bachinger

„Wast, was a Jongleur is? Waun´d Schaung leer is!“

In den Stammtischrunden mit oder ohne Mutter Metzger wurden sogenannte „Jankerlg´schichten“ oder auch Märchen aufgetischt. Einige aber waren wahre Begebenheiten, dass sie tatsächlich auf die Kuhhaut gingen. Samt einer „Schweinerei“ um ein lebendiges Ferkel auf Bruders Verlobungsfeier…

Ja, die Stammtischrunden. Sie hatten legendären Charakter mit dem AUA-Piloten „Captain Herbert“ Glatzmayer, Onkel des tödlich verunglückten Fußball-Teamspielers. Mit Walter Böcksteiner (samt wechselnder weiblicher Begleitung). Mit Klaus Adam, dem Schulz-Wirt, den Hinks und Mösslingers (Mutter Gerti und „Presse“-Fotografin-Tochter Christina). Mit den Langzeitfreundinnen Helga Frank, einer Psychologin, der Trauzeugin Liesl aus Klo´burg, Sigrun Reichelt und den Schwestern vom Rudolfiner Haus mit Nora, verheiratet mit dem Konzertmeister der Symphoniker. Mit Pedro Kramreiter mit Topmodel Fallenberger. Mit Michael Horowitz, früher Fotograf, dann Kurier-Freizeit-Chef mit seiner Angelika, dem legendären ZDF-Balkan-Kriegsreporter Brebeck, und natürlich zu ihren langen Lebzeiten auch Mutter Maria Metzger. Sie entpuppten sich als wahre Fundgrube für sogenannte „Jankerlg´schichten" – eine Mischung aus wahren Tatsachen, kühnen Spekulationen und erfundenen Märchen über Society-Menschen erster, zweiter oder dritter Klasse. Walter Böcksteiner, der oft im Trenchcoat zu später Stunde hereinschneite, um noch ein Glaserl mit oder ohne Küchengruß zu heben, erweiterte gern die Stammtisch-Runde. Wenn mein Mann Georg die (Aus-)Schank verlassen hatte, in der er stundenlang Gläser gefüllt und neue Flaschen eingekühlt hatte, um sich endlich zur wohlverdienten Ruhe zu begeben, kommentierte das der vorlaute Walter manchmal auch so: „Wissen´S, was a Jongleur is? Waun d´Schaung leer is!" Als Retourkutsche wurde der gute Walter von uns aufgefordert, Lohengrin anzustimmen, schließlich hatte er ja Gesang studiert. Er ließ sich nicht zweimal bitten, sondern sang so laut, dass die Anrainer die Polizei riefen. Nicht nur einmal.

Alle spitzten die Ohren, wenn Grimme-Preisträger und TV-Kriegsberichterstatter Brebeck seine Stories auspackte.

Fotos: Privat

Hedy und die Klo´burger Liesl

Walter Böcksteiner mit Sigrun Reichelt

Mit Stammtisch-Freundin Sigrun hatte es eine besondere Bewandtnis. Die gebürtige Kremserin war langjährige Freundin von Bruder Alfons, mit dem sie sich in den frühen 60er-Jahren verlobte. Die Verlobungsfeier fand bei uns, beim Heurigen statt. Eh klar, damit alles im Haus bleibt. Im Zuge dieser fand auch – kein Witz – ein Tanz-Bewerb unter den Festgästen, darunter auch mit Dagmar Koller, statt. Mit dem Twist, damals der neue Modetanz, auf den alle abfuhren. Beim Siegespreis handelte es sich fürwahr um eine „Schweinerei", die aber mit sexueller Fleischeslust, wie manch Schelm womöglich denkt, nichts zu tun hatte. Nein, nein, es ging vielmehr um ein noch quicklebendiges Sparferkel, mit dem der/die Sieger später selbst ein Festessen inszenieren hätten können. Ob die „Täter" schon über den Durst getrunken oder aber nur einen Bosheitsakt im Hinterstübchen gehabt hatten, wer weiß – jedenfalls (ver-)steckten sie das verschreckte Ferkel, bevor sie sich verabschiedeten, noch schnell auf der Toilette! Ob es dort eine Schweinerei angerichtet hatte, daran kann sich niemand erinnern. Als einer der Gäste noch schnell sein Geschäft verrichten wollte, stürmte das Ferkel in die neu gewonnene Freiheit – und rannte zwischen den Gartentischen quietschend wie ein Wildschwein und kein Spanferkel. Es schlug einen Haken nach dem anderen, um zu entwischen, ehe es gelang, der „Schweinerei" ein Ende zu bereiten. Das Ferkel wurde zu den Siegern, den (Fürnkranz-) Schindlers, in deren Haus am Semmering verfrachtet, wo es, so nehme ich an, „aufgespießt" wurde...

Wenn wir schon bei Tieren sind – ein Künstler (wohl Designer Breaded Escalope) aus Ottakring nahe der Familienkirche brachte zu (s)einer Geburtstagfeier nicht nur eine gefärbte Papp-Kuh mit, sondern gleich derer mehrerer in verschiedenen

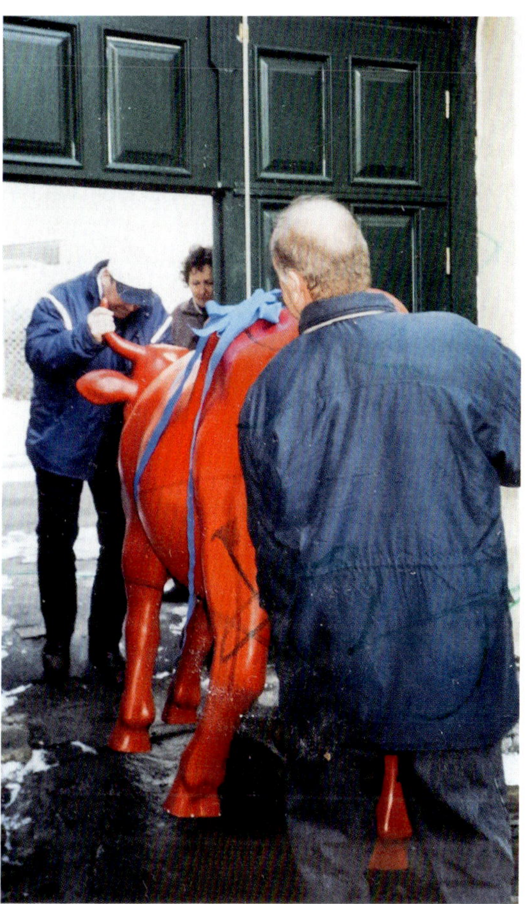

Fotos: Privat

Vor der lila Kuh an den Pisten stand eine rote Kuh im Heurigenhof…

Farben. Andeutung von „panierte Schnitzel", die als Hauptgericht gewünscht wurden? Jedenfalls schien´s so, als wäre der Heurige Prillinger-Metzger auf einer Alm gelandet. Kurzum, es ging, was die Optik betrifft, auf keine Kuhhaut. Gut möglich, dass dieser außergewöhnliche Abend die Geburtsstunde der späteren Milka-Kuh war, die bei Skirennen in den Schnee gesteckt wurde. Milch statt Wein, Soda oder Privoznik-Kracherln wurde allerdings keine ausgeschenkt. (Kuh)Fladen gab´s auch keine, als Gebäck hingegen Vintschger-Laberl, die Speziellen aus dem Südtiroler Vintschgau. Wie es sich gehört.

Serien-Star und Saar-Sessel, Eybners List, Schneyders Lust

Warum unsere Urgroßmutter mütterlich ein Kleinod vom Schriftsteller-Stammgast Ferdinand von Saar erbte, ein legendärer Burgtheater-Star stets bei der Toilette saß und ein Kabarettist im Duett mit seinem Freund den Wissens- und Witzedurst samt Sohn beim Prillinger-Metzger stillte.

Real-Film GmbH

Ernie Mangold – ewig jung bis ins hohe Alter

Eine, die weniger von strikter Etikette hielt, schon gar nicht beim Heurigen, hieß Ernie Mangold, ihres Zeichens beliebt-gefragter und oftmals freizügiger TV-, Film und Bühnenstar. Ihr gefiel´s am besten -nein: nicht an einem der Tische, sondern an der „Budel", um anzustoßen mit dem typischen, festen Heurigen-Viertel-Glas. Ihr Motto bis ins höchste Alter: Gelobt sei, was Dich jung und jünger macht. Nicht beim Heurigen, aber auf ihre älteren Tage hat sich die Ernie Mangold dann noch medienfeil entblättert. Vor der Kamera, natürlich nicht bei (unsere)m Heurigen. Und wie war sie auf die Rudolfiner Gasse 7 gekommen? Durch ihren Onkel, der auf Nr. 8, also über die Straße wohnte – und den sie stets samt Verwandtschaft besuchte, darunter auch Christl Mangold.

In der Chronik des Hauses muss man ganz, ganz weit zurückblättern, um zu erfahren, dass vor und nach der Wende zum 20. Jahrhundert auch der Schriftsteller/

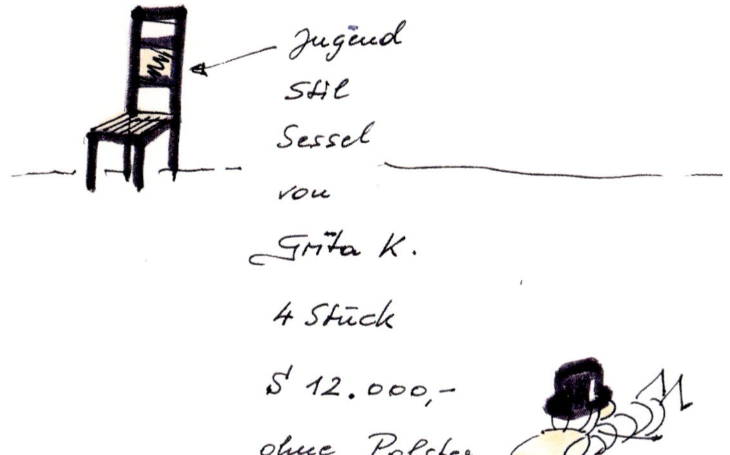

Wikimedia Commons

Der österreichische Schriftsteller Ferdinand von Saar

Dichter Ferdinand von Saar dort aus und ein gegangen war, weil unsere Urgroßmutter Fenz auch des Heurigen wegen eines seiner „Liebkinder“ war. Saar schied 1906 aus Schwermut aus seinem Leben – und beim Nachlass wurde auch die Frau Fenz-Kosak mit einem wunderschönen Biedermeier-Sessel bedacht, der später in der Wohnung der Enkelin stand, auf dem wir in jungen Jahren schaukelten Später wurde der Sessel von deren Tochter großzügig der Villa Wertheimstein (Die adeligen Wertheimsteins waren Saar-Förderer) geschenkt. Am 6er-Haus ist heute noch die Saar-Gedenktafel zu sehen. Und die Saar-Parte wurde von der Schwester unserer Großmutter, der Tante Resi, als Memento Mori quasi archiviert…

Zurück zu den großen Mimen der Bühnen wie des Films. Einer der treuesten, nettesten, unproblematischsten kam auf kurzem Weg vom nahen Saar-Platz immer wieder in die Rudolfiner Gasse: Richard Eybner, eine Wiener Komödianten-Institution vom ersten Tag seiner Burgtheater-Zeit an (1931 – 1972, also 41 Jahre). Nicht nur der markanten Nase wegen, ein Markenzeichen ebenso wie die bis in verschiedene Dialekte rei-

Privat

Gedenkstein für Richard Eybner

chende Sprach- und Sprechkunst, die ihn auszeichnete. Eybner war der Sohn eines St-Pöltner Bürgermeisters, aber ein sehr einfacher, umgänglicher Mann, ganz im Gegensatz zu manch einem der Popanze seiner Schauspieler-Gilde. Sein Markenzeichen? Eindeutig die große Hakennase! Was seine Cousine Dienel nicht daran hinderte, ihm an seinem Geburtstag verbale Rosen zu streuen. „Richard, du bist sooo schön…“ Eybner, Wiener Original, eingesessener Döblinger und fabelhafter (Charakter-)Darsteller, hatte auch ein ganz spezielles Heurigen-Ritual. Interessanterweise setzte er sich immer zum „Häusl-Tisch“, also dem, der vor der Toilette stand, um dort sein Glas Wein oder derer mehrere mit einem Liptauerbrot zu genießen – trotz ganz anderer Düfte. Darum habe ich dann einmal fragen müssen: „Herr Kammerschauspieler, warum sitzen´s immer da, wo´s nicht immer ganz so gut riecht?“ Darauf Eybner: „Für mich ist´s nur wichtig, dass ich von mei´m Platzerl aus jeden sehen kann, der kommt und der wieder geht…“

„Für mich ist´s nur wichtig, dass ich von mei´m Platzerl aus jeden sehen kann, der kommt und der wieder geht…“

Richard Eybner

Gästebuch-eintrag Senta Berger

30. Sept. 1986

Prillinger: das ist der Maulbeerbaum im Hof, – das ist Wein, und Küche wie in meiner Kindheit, – und Gastfreundschaft. Schön.

Ihre Senta Berger

Kurzum, der bescheidene Burg-Star war quasi so was wie der „Spion“ anderer Star-Gäste. Und dazu gehörten auch andere Burg- oder Filmstars wie der noch junge, schöne Hollywood-Export Senta Berger („Ich fühle mich am Maulbeerbaum, bei Wein, Küche und Gastfreundschaft, in meine Kindheit versetzt – einfach schön!“), die resch-fesche Wienerin Gusti Wolf, der Burg- und Filmstar O. E. Hasse, der oft den Bösewichts verkörperte, oder der früh zugereiste, schon vom Typus her ernsthafte gebürtige Westfalle Ewald Balser (mit Frau Vera und Familie), der schon in den End-Zwanzigerjahren am Burgtheater spielte. Und dann die Ehre hatte, bei der Wiedereröffnung der Burg nach dem Zweiten Weltkrieg (Oktober 1955) in Grillparzers „König Ottokars Glück und Ende“ die Hauptrolle als Primislaus (Przemysl) Ottokar zu verkörpern. Beim Heurigen war er aber nichts als ein einfacher Bürger, der nur „königlich“ zu tafeln pflegte. Der am Buffet mit dem Finger anzeigte, was er gerne zum Speisen hätte. Einer der ganz Großen, aber wie gehabt: absolut pflegeleicht. Nicht anders als der junge Peter Weck, der in seinen frühen (Kamera)Zeiten u. a. auch mit dem deutschen Filmsternchen und Schlagerkehlchen Conny Froboess vorbeigeschaut hatte. Später, als er durch Burg, Bühne, Film und TV zu einem der größten Publikumslieblinge geworden war, drückten sich neugierige Kiebitze an den Außenfenstern die Nasen platt, um zu erkunden, ob es sich an einem der Tische tatsächlich um „den“ Weck handelte. Er bekam´s nie mit. Zudem wär´s ihm Wurst gewesen – auch ohne Essig und Öl.

„Ich fühle mich am Maulbeerbaum, bei Wein, Küche und Gastfreundschaft, in meine Kindheit versetzt – einfach schön!“

Senta Berger

Das galt auch für einen, den man eher unter „Schwierigeren“ einordnen hätte können, wäre er nicht beim Heurigen aus seiner Sarkasten-Rolle geschlüpft: Doktor Werner Schneyder, großgewachsener Kabarettist, früher auch Box-Ringrichter und so nebenbei Fernseh-Kommentator von mehr oder weniger großen Boxkämpfen! Er wohnte ein paar Häuser weiter in der Billroth Straße, also einen Steinwurf entfernt und kam oft, wenn er im Lande und nicht Deutschland weilte. Manchmal auch mit

Willi „Blockmalz" Kirstein, der sich heute noch der Heurigen-Begegnungen („Das waren selige Zeiten!") erinnerte.

Meistens aber kam Schneyder in Begleitung seines langjährigen Partners und kabarettistischen Alter Egos Dieter Hildebrandt („Münchner Lach- und Schießgesellschaft"), dessen deutsche Schnauze noch viel ironisch-sarkastischer war als jene von Schneyder, der in der Künstler-Partnerschaft eher die Soft-Version verkörperte – obschon er, sofern er nicht gerade im Tor des Schmiere-Hobby-Fußballteams stand, natürlich lieber harte Faustkämpfe verfolgte oder kommentierte!

Wenn (dem Linksverbinder) Hildebrandt der Wein die Zunge lockerte, dann kam alles Mögliche an den Tag, von seicht-schlüpfrigen Schüttelreimen bis zu tiefsinnig-weitblickenden Aphorismen. Der schlanke Kleine aus dem damals deutschen Bunzlau in Schlesien und der große Starke aus Klagenfurt, dann Wien, waren die längste Zeit nicht nur kabarettistisch ein Herz und eine Seele, speziell bei unseren Heurigen, wo sie sich wie daheim fühlten. Und auch immer wieder den unvergesslichen Hermann Michelitsch trafen. Jenen geeichten Hermann, (Ver)Mittler zwischen den verschiedensten Welten, der sie als Capo der ÖMV-Öffentlichkeitsarbeit des Öfteren für Seminare etc. zur unterhaltsamen Abwechslung engagierte. Devise: Gut geölte Lachmuskeln kitzeln als Ausgleich für industrielle Strategie-Konzepte. Was sie im Kleinen probten, das kanalisierten Werner und Dieter – damals schon so etwas wie die heutigen Staatskünstler – via Fernsehen auch in alle heimischen Haushalte. Lachen als kabarettistisch verordnete Medizin – im Verein mit einem guten Schluck Wein!

Aus welchem Grund auch immer kam zu Hildebrandts Lebzeiten (+2013) später nur noch Werner Schneyder zu uns in Begleitung seines Journalisten-Sohnes Achim. Das vermeintlich unzertrennbare Duo hatte sich zerstritten, um fortan als Solisten aufzutreten – Hildebrandt in München, Schneyder in Wien. Als stolzer Papa organisierte er auch die Hochzeitsfeier von Sohnemann Achim beim Prillinger-Metzger.

Kaum waren die geladenen Hochzeitsgäste vollzählig versammelt, griff Werner zum Mikrophon, um zu sagen: „Liebe Freunde, ich werde jetzt, bevor alles beginnt, meine Ansprache halten. Alle, die mich kennen, wissen ja, dass das später nimmer möglich ist…“ Schneyder wusste, wovon er dabei sprach…

Werner Schneyder

Gästebucheintrag
Werner Schneyder

Der doppelte Heinz oder: Die schrecklich netten Zwei

„Burli“ Marecek und „Honzo“ Holecek bildeten eine eingeschworene Einheit, die den Heurigen so liebten wie den Wiener Schmäh. Schnupftabak und „a gut´s Weinderl“ lockerten Honzo die Zunge, um Historchen fern der Oper auszupacken.

Ein anderes Duo, das im Duett oder aber solo auftrat, war der doppelte Heinz. Der eine wurde „Burli“ gerufen, weil er jünger war, der andere Honzo in verkürzter Zusammenfassung von Vor- und Familiennamen. Der „Burli“ Marecek hatte viele Fans als Theater in der Josefstadt-Institution, später hingegen noch viel mehr als Haubenkoch Hannes Kofler im TV-Hit Soko-Kitzbühel, kaum mehr wegzudenken aus dem ORF. Honzo Holecek wiederum glänzte als Multitalent in Staats- wie Volksoper (Frosch in der Silvester-Fledermaus) , als Sprachen-Imitator im Fernsehen („Fremde Federn“) aber auch als gefragter Tennis-Doppelspieler und Hobby-Fußballer, dessen Herz für Grünweiß, also für Rapid, schlug. Was späte Heurigen-Auftritte beider betraf, so durfte man das Duo auch die schrecklich-netten Zwei nennen.

Burli brachte seinen ungarischen Hirtenhund mit, der sich, wenn´s draußen regnete, in der warmen Stube abbeutelte als wär´s sein Heim-Platzerl – und manchmal kläffend versuchte, meinem Georg am (Hosen)Zeug samt Wadl zu flicken. Honzo hingegen schnüffelte als kurzatmiger Asthmatiker stets mit dem Tabak aus der Dose, um Luft zu holen für seine Anekdoten über mehr oder weniger berühmte Kollegen aus den Opernhäusern aus aller Welt, die er fabelhaft zu imitieren vermochte. Sein be-

BKA/Wenzel

Heinz Marecek mit Ex-Minister Josef Ostermayr

Preiser Records

Heinz Holecek

sonderer Liebling dabei hieß Günther Schneider-Siemssen, seines Zeichens Bühnenbildner der Wiener Staatsoper.

Der Komödiant in ihm ging durch, wenn er den quatschend schwatzenden Schneider-Siemssen nachäffte. „Meine Idee – klrrr – mein lieber Kammersänger – klrrr – ist es, einen Augenschmaus – klrrr – für die Zuschauer zu zaubern." Dazu klopfte er sich auf die Schenkel, und orderte noch ein Vierterl von dem „wunderbaren Weinderl da". Je später es wurde, desto mehr ging Honzo dann in sich, um schließlich sein Lieblingslied, anzustimmen – sicherheitshalber auf Englisch, weil ja auch anglo-amerikanische Gäste mitunter beim Prillinger-Metzger Einkehr hielten. Dann pflegte er zu singen: „I am a quiet drinker …" Richtig aufgerüttelt wurde er, wenn seine bessere Hälfte mit dem Alfa Romeo angefahren kam, um Honzo abzuholen. Dann pflegte er zu sagen: „Jetzt muass i gehen, mei Bluthund is da, die Bärbel…, der spürt mich überalll auf." Gut, dass sie so lange immer ein Aug auf ihren Honzo gehabt hat.

„Jetzt muass i gehen, mei Bluthund is da…"

Heinz „Honzo" Holecek

Eine andere Story, die Honzo gern beim Prillinger-Metzger auftischte, war jene, als er von einem Wolkenbruch überrascht, samt Hund bei einer Haltestelle zwischen Neustifter Friedhof (wo er begraben wurde) und Pötzleinsdorfer Straße an die Bus-

Preiser Records

Honzo mit Hund

Tür klopfte, trotz der Bitten der Insassen dieselbe aber nicht geöffnet wurde. Für Honzo unerklärlich, da er doch mit jedem Buschauffeur vom „Äußerln" mit'm Hund auf Du und Du gewesen war. Wie es zu diesem Regen-Fiasko hatte kommen können, schilderte er mit stets wachsendem Zorn in der Brust so: „Am nächsten Tag, da hat's nimmer g'regnet, bin I zur Endstation beim Friedhof 'gangen, um mi zum Beschweren. I hob dort den Dragan mit dem Slobodan und dem Milan getroffen, denen hab i erzählt, was passiert ist. Drauf ham die drei g'lacht und zu mir g'sagt: „Mir nix kennan dafir, das war einzige Fahrer von uns, der was is ka Serbe…" Unvergessen wie Honzo, der uns an seinem Geburtstag im April 2012 für immer verließ. Und bei vielen Anlässen eine Lücke hinterlassen hat. Nicht nur wie früher bei Hochzeits- und anderen Feiern bzw. Ordens- oder Geburtstagsfeiern meines Journalisten-Bruders.

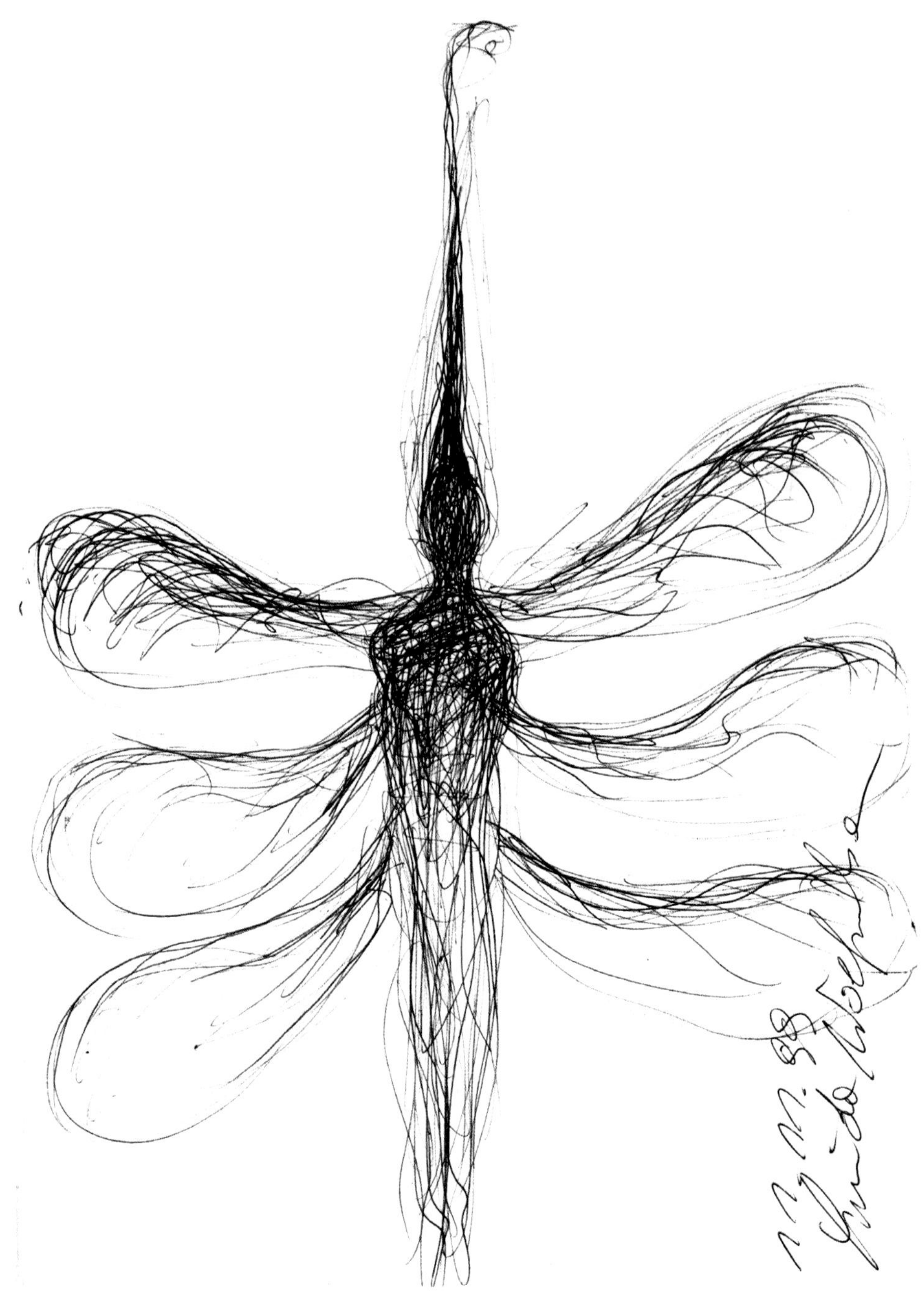

Ein fataler Irrtum mit – und eine Ehe ohne Happy End

Falsches Datum, umso schönerer Abend für die Haag-Schauspieler. Und warum Formel-1-Legende Heinz Prüller seinen letzten 40er-Geburtstag, gerade oder noch verheiratet mit „Kollegin" Nora Frey, just bei unserem Heurigen feierte.

Thomas Lehmann

Adi Hirschal

Zu den witzigen Stories gehörte auch eine (Datums-)Verwechslungs-Komödie, die die Haager Festspiele betraf und deren Intendanten Adi Hirschal. Seine Sekretärin hatte dazu eingeladen, sich dummerweise aber vertippt oder verschrieben bei der Einladung. So trudelten die „Haager Musikanten" eine Woche zu früh oder zu spät ein, um mich und meine „Mann/Frauschaft" quasi am falschen Fuß zu erwischen. Trotzdem gelang es, wie es so oft beim Improvisieren ist, das Beste aus dem doch nicht so fatalen Irrtum zu machen. Und die Gästebuch-Eintragung von Hirschal bis Nicole Beutler bewies, dass es mit vereinten Kräften gelungen war, eine unangemeldete Prominenten-Gesellschaft so zu verwöhnen, als wär´s von langer Hand vorbereitet. Darauf waren wir danach alle stolz…

Weil sie sich beide schätzten und gut ergänzten, oder aber im Ernstfall nötig, auch bei Grand-Prix-Rennen oder Ski-Weltcups gegenseitig geholfen hatten, verstanden sich Heinz Prüller, „Krone"- Starschreiber wie kaum wegzudenkender ORF-Formel-1-Kommentator, und mein „Presse"-Bruder (genannt „Schnauzi") fast brüderlich. So

Kristian Bissuti

Der dreifache Weltmeister Emmerich Danzer mit „Krone"-Starschreiber Heinz Prüller

fiel es Heinz nicht schwer, seine Feier zum 49. Geburtstag mit seiner damaligen Frau Nora Frey – an sie samt Hochzeit in Venedig will sich der gute Heinz bis heute am liebsten nicht mehr erinnern – bei mir/uns arrangierte. „Danke Schnauzi – Boxenstopp beim Prillinger-Metzger!" (1990).

Und wer sich nicht fern von Wien im Einsatz befand, der gab damals der Reporter-Legende die Ehre seiner Anwesenheit, darunter auch Emmerich Danzer, dreifacher Eiskunstlaufwelt-, vierfacher Europameister und – man verzeihe es – als Vierter und damit „Blechtrottel" auch tragischer Held (wie Schranz) der Olympischen Spiele 68 in Grenoble. Emmi, seine Kurzform, erinnert sich an diese Feier so: „Sie fand ziemlich bald nach seiner Hochzeit statt. Zu der waren Heinz, Nora und ihr (vorheriger Scheidungs-)Anwalt Alfred Boran mit mir in einer privaten Propeller-Maschine vom Gerhard Berger nach Venedig und zurück nach Wien geflogen. Aber zu viert kannst du ja keine große Feier machen, darum gab es sie später. Wer aller da war, weiß ich nimmer, aber es waren zirka 60 oder mehr Gäste gekommen, viele Kollegen aus Sport und Journalismus von Krone, und ORF etc." Als Ergänzung am Rande sei gesagt, dass Danzer sich am Heinz orientierte, seine späte Hochzeit mit der liebenswert/würdigen Marianne (Dezember 2009) erst Monate später in einem kleinen, feinen Kreis organisierte – nicht mehr bei uns, da wir schon auf „Sparflamme" (Privat-Gesellschaften, Donnerstag-Stammtische) geschaltet hatten, sondern im Stift Klosterneuburg. Die Ehe des umtriebigen Emmi hält noch immer – Heinz hat nach der vorlauten Nora nochmals geheiratet, Frau Doppeldoktor und Professor „Babsi" Barbara Straßer, eine ehemalige Tennis-Staatsliga-Spielerin (in Krems). Und wo? Wieder in Venedig! Feier danach gab´s übrigens keine mehr...

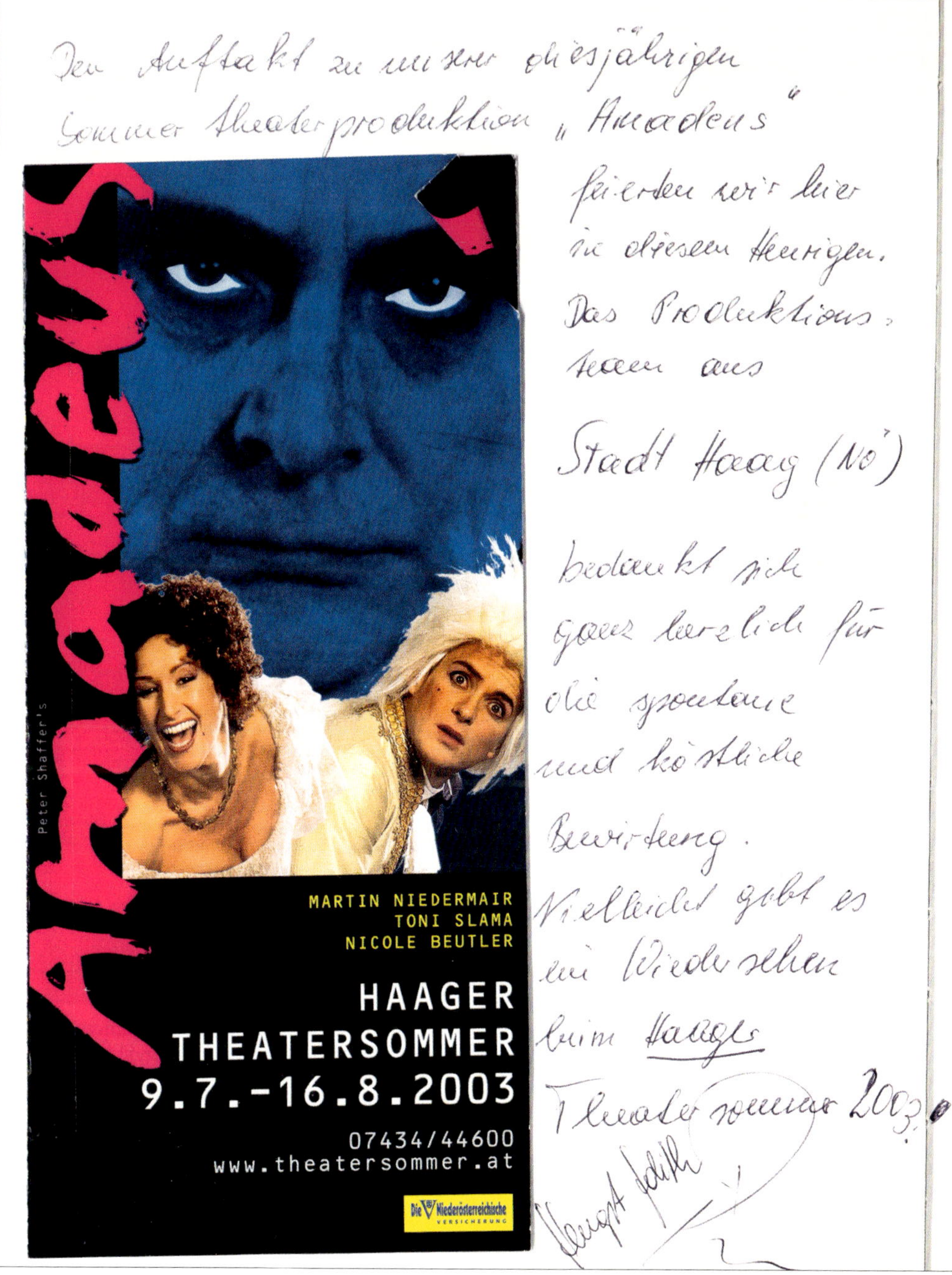
Den Auftakt zu unserer diesjährigen Sommertheaterproduktion „Amadeus" feierten wir hier in diesem Heurigen. Das Produktionsteam aus

Stadt Haag (NÖ)

bedankt sich ganz herzlich für die spontane und köstliche Bewirtung. Vielleicht gibt es ein Wiedersehen beim Haager Theatersommer 2003.

Auch die „Haager Musikanten" feierten bei uns

Vom Hecht im Gastro-Teich
„I glaub, sie san g´sturbn´…“

Der Hans (im Glück), Gott hab ihn selig, war einer der kreativsten Geister. Unter anderen eröffnete er auch die erste Disco in Wien. Hansi gastierte oft bei uns, weil er durch Bruder Josef nicht auf den Hund, sondern auf´s Pferd gekommen war.

Es bedurfte aber keiner große Feier, dass auch Hansi Hecht zu uns auf Fleischlaberln oder Schinkenfleckerln kam. „Der Hecht“, ganz ohne Vornamen, war eine schillernde Figur, ein Mix aus Grant und speziellem, sarkastischem Humor, ein Träumer, der viel von dem aber in die Realität umsetzte. Wie das Scotch, Wiens erste Diskothek, die er neben der damals dort domizilierten Polizeidirektion Wien und vis a vis vom Gartenbau-Kino aufgesperrt und damit eine neue In-Szene in Wien kreiert hatte. Immer was Neues, das war die Philosophie des begnadeten Gastronomen und Gastrosophen, der eine ganze Reihe an Lokalen in Wien (und in seiner zweiten Gastro-Heimat München) eröffnete. Die Prillinger-Metzger-Beziehung basierte auf vielen Treffs mit meinem Bruder Josef., Den hatte „der Hecht“ deshalb so lieb gewonnen, weil er ihn einst zum Galopprennen in die Freudenau mitgenommen hatte, wo der sonstige Sparmeister einen Wettschein ausgefüllt und dank Bruders (Zufalls- und nicht Experten-Tipp) mit einem zufällig siegreichen Ga-

Privat

Hansi Hecht mit Eva, seinem geliebten „finnischen Polarhund“.

lopper dabei einen kleinen Batzen Geld gewonnen hatte. Die Geschichte erzählte er immer wieder, wenn er bei unserem Heurigen gastierte. Einige Tage, nachdem unsere Tante Hilda, Mutters Schwester, nach langem Leiden verstorben war, tauchte er bei uns und bei mir in der Kuchl auf, starrte mich an und sagte: „Du lebst ja no – i hab g´laubt, dass´d ´g´sturben bist!" Für mich gottlob eine fatale Verwechslung des – leider auch schon verstorbenen – Unverwechselbaren. In der Tat so etwas wie ein „Hecht im Karpfenteich", der wahlweise herzlich, ausgelassen, aber auch ein beleidigender Streithahn im Umgang mit Freunden sein konnte. „Du kriegst Lokalverbot", erinnert sich mein Bruder daran, dass er im „Scotch" manch einen Du-Freund a la Toni Fleischhacker („Schubert-Schrauben") oder dem echten Fleischhauer-Sohn, Box-Manager und Autoverleiher Kalal („Auto hin, Kalal her!") nach einer lebhaften Debatte damit „bestrafte". Als ebendiese Gäste tagelang nur am Lokal vorbei geschlendert waren, rief ihnen der schon „entwöhnte" Hecht nach und zu: „Was is mit dir? Komm endlich wieder eini!" Was seine späte, bessere Hälfte anbelangte, eine Schönheit aus Finnland, die notabene Eva hieß, nahm er sich kein (eher liebenswert) gemeintes Blatt vor den Mund: Nie nannte der gelernte Wiener und spätberufene Frankophile seine Langzeitfreundin, die ihn in Wien, Monte Carlo, wo er ein Apartment besaß, oder Saint Tropez umsorgte, bei ihrem Namen Für ihn war sie „Mei Polarhund". Oder wahlweise „da finnische Elch…" Trotzdem gab´s für Evas Loyalität dann „a Busserl". Sie wussten, was sie aneinander hatten.

„Du lebst ja no – i hab g´laubt, dass´d ´g´sturben bist!"

Der Hecht

Wikimedia Commons

Hubertus von Hohenlohe

Nicht Hecht im Karpfenteich, aber dafür ein adeliger Tausendsassa war und blieb Hubertus von Hohenlohe-Langenburg. Genannt Ski-Prinz, weil er seit 1981 bis 2019

Olympia-WM- und Weltcuprennen als „Mexikaner“ gegen die rote Laterne fuhr („Lieber Prinz, enttäusch uns nicht, komm ins Ziel bei Tageslicht!“) , österr. Mannschaftsgolfmeister mit dem GC Murhof wurde, Sänger, Moderator, Entertainer, Maler, Photograph und letztlich Hubertus-Jäger bei Servus-TV wurde. „Ich war dort bei eurem Heurigen“, sagt er im Gespräch mit Bruder Josef, den er seit 1981 als Skireporter kannte, „weiß aber nicht mehr, wann – dafür aber, mit wem. Es muss die Rockband „Beat for Feat“ gewesen sein, die dort ums Eck gewohnt hat.“ Was er zu Mineral – oder doch Kracherl – damals gegessen hat? „Weiß ich nimmer, wenn ich mich doch nur erinnern kann, mit wem ich dort war…“

„Lieber Prinz, enttäusch uns nicht, komm ins Ziel bei Tageslicht!“

Der Weltcup-Refrain

Damit ist der Adelskreis vom Fürsten Kari Schwarzenberg zum „Real Prince“ Hohenlohe aber noch nicht geschlossen. Auch der Nähe zur Heimat meines Mannes Georg wegen suchte uns, wenn er geschäftlich in Wien zu tun hatte, immer wieder der hehre Graf Arco-Valley auf, der in St. Martin im Innkreis ein großes Landgut (auch mit Weinbau) betrieb. Wein zu Wein, das verband so wie es auch vom Grafen zu Georg der Fall war, die sich bestens verstanden. Als höchst zufriedener Gast schrieb er ins Gästebuch („Vielen Dank von Innviertler zu Innviertler!“) – und lud uns ein zugleich in sein Schloss in St. Martin ein. Darauf wurde angestoßen. Es war die Reise wert.

PUMA STAMMTISCH 14.6.85

„Als Böhmen noch bei Österreich war…"

Als Sporthilfe-Boss bat Event-Guru „Hupo" Neuper viele Sportstars unter dem Motto: „Ja, mir san mit´m Radl da" zu uns. Unter den Amateur-Pedalrittern auch „Kneissl-Ingenieur" Kurt Matz, der einen Großteil der Jugend nahe Reichenberg verbracht hatte.

Wikimedia Commons

Hubert Neuper

Nach St. Martin fuhren wir mit dem Auto – zu uns kam der Skispringerstar i. R., Sporthilfe-Chef und Veranstalter der legendären Sports-Award-of-the-Century in der Staatsoper, Hubert Neuper, unter dem Motto: „Ja, mir san mit´m Radl da…" Weder er noch andere radelten als Pedalritter an. Und der umtriebige „Hupo" musste lange nachdenken, bis ihm einfiel, wer aller gekommen war und was es alles damals zum Schnabulieren gab an „Kraftfutter" für (Spitzen-)Sportler. Er ist sich dessen sicher, dass sein Freund Toni Innauer, Goldschmied als Springer und Trainer, mit dem er auch Shows abzog, gekommen war. Mit Fußball-Welt- und Europacupsieger Franz Hasil, der sowieso im öffentlichen Verkehr oft das Rad bevorzugte, auch Wembley-Toni Fritsch, Gott hab ihn selig (+2005), Goldgräfin Emese Hunyady, eine treue Seele, Evergreen Quester, Ironman Resnik, Michael Kuhn, Wolfgang Winheim und dessen alter NAC-Bekannter, auf den wir – last but not least – näher eingehen müssen.

Es handelt sich um einen Neuper-Förderer von Kindesbeinen an: Sein Name? Ingenieur Kurt Matz, in Wien geboren, in den Nachkriegswirren zur Großmama nach

www.czech-ski.com

Kurti Matz

Böhmen (Trautenau) verfrachtet, wo er 18 Jahre verbachte und fast alle slawischen Sprachen beherrschte, ehe ihn die KP-Schergen als Außenseiter heim nach Österreich schickten zum Onkel. Und wo landete Wuschelkopf Kurt, eine Größe seiner selbst? In Döbling, eigentlich Heiligenstadt. Dort startete der Technik-Student zweimal für die TU Wien bei der Universiade („Bester Wiener!") und ging beim NAC in Nussdorf ein und aus. Jenem Vienna-Ableger, bei dem Kurier-Freund Wolfi Winheim („Eisenfuß") spielte und sich Charly Wimmer als groß(herzig)er Funktionär entpuppte. Wenn der „Ingeniör" ins Medien- und Event-Spiel kam, war´s anders als im Sprichwort keineswegs „schwör". Matz schien ein Künstler darin, alles schon erledigt zu haben, bevor man ihm etwas anschaffen konnte. Vom Ersatzvater, Skifabrikanten-Patriarch und Kommerzienrat Franz Kneissl senior über Neuper bis zu Peter Schröcksnadel. Was hat Kurti Matz zur Kräftigung am liebsten gegessen? „Wenn´s ka Kalbsleber ´geben hat, halt a „backane Hiner-Leba" (OT)!" A bisserl Schwejk war und ist bei ihm stets dabei…

„Wenn´s ka Kalbsleber ´geben hat, halt a „backane Hiner-Leba"

Kurti Matz

Privat

…und mit Karl Schranz

Ja, mir san mit´m Radl da – und mittendrin die goldige Eisgräfin Emese …

Legenden des Sports und des Sportjournalismus auf einer Seite – verewigt im Heurigen-Gästebuch.

Fots: Privat

Zu den Geburtstagsfesten, die gefeiert wurden, gehrte auch ein runder von Georg Bachinger im lauschigen Gastgarten.

Botschafter, Bauchtänzerin, Lucky Strike & Scheiterhaufen

Seine Exzellenz aus Libanon hatte sich was Besonderes einfallen lassen, obschon Faust aufs Aug zu einem Heurigen. Wie die Alternative zu einer Hochzeitstorte, die sich die frisch Angetraute gewünscht hatte.

Udo Jürgens griff bei uns in die Tasten, Julian Rachlin in die Violin-Saiten, immer wieder wurde auf die Pauke wurde gehaut und zum Faschings-Halali geblasen. Aber das war alles nichts gegen den Abend, zu dem die Botschaft des Libanon samt Exzellenzen, dem libanesischen in Wien, dem aus Luxemburg und dem österreichischen in Beirut gebeten hatte. Und wen hatte der Gastgeber zum Gaudium der p. t. Gäste mitgebracht? Eine außergewöhnliche Attraktion, die niemand beim Heurigen erwartet hätte. Nicht etwa, dass er sie aus seinem Ärmel gezaubert hätte, vielmehr war sie quasi aus der zweiten Haut gefahren – nicht lachen: Eine Bauchtänzerin! Und geradezu die Frage eben dieser „Dame“, die bei einem Heurigen die Frage stellte; „Wo, bitte schön, ist dann hier a Gard´rob´?“ Unfassbar.

„Wo, bitte schön, ist dann hier a Gard´rob´?“

Bauchtänzerin

Ebenso ungewöhnlich bis skurril hingegen die Hochzeitsfeier eines (Wiener) Ehepaares, dessen Name mir entfallen ist. Nicht aber, dass der Hof bei schönem Wetter bummvoll an ihren Gästen war, denen einiges nebst Buffet und Getränken geboten wurde. Zum einen die Band „Lucky Strike“, die für sie aufspielte – zum anderen als Heurigen-Alternative via Leinwand an unseren Hof-Fenstern eine eigene „Millionen-Show“ mit Fragen und vier Antwortmöglichkeiten. Bei einer der Fragen ging es um Rotwelsch – die Gaunersprache Wiens in der Nachkriegszeit. Die Hochzeits-Gäste spielten auch den Publikumsjoker. Ungewöhnlich, mag sein. Noch ungewöhnlicher der Brautwunsch, was die Nachspeis betraf. „Na, ka Tort´n – sie will an groß´n Scheiterhaufen mit Kerzen drauf!“ Scheiterhaufen, wie, was wer? Ein nahrhaftes Sammelsurium aus altbackenen Semmeln, Äpfeln, Zucker, Salz, Eiern, Milch, Vanille usw. Das eher Seltsame hat auch Skeptikern g´schmeckt. Es gibt eben so gut wie nichts, das es nicht gibt…

Lucky-Strike griff zur Feier des Tages kräftig in die Harfe...

Die Band griff nicht nur in die Tasten, sondern auch zum Zeichenstift, um den schönen Abend festzuhalten.

Der Abend war wunderschön,
die Zeit verging wie im Flug,
und wir freuen uns auf's nächste Mal!
LUCKY STRIKE
Petra (aufstrebende Jungsängerin)

20.5.01

Danke für das tollste Hochzeitsfest!!

Thomas

Das Buffet war supergut!
Die Organisation war perfekt!
Es war die Hochzeitstorte (vulgo Scheiterhaufen) gut wie erwartet!
Wir kommen auch ganz sicher sehr oft wieder!

Herzlichen Dank!
Martina Wilhelm

Und unseren Gästen hat's auch ganz, ganz gut gefallen!!

[illegible] [illegible] [illegible]

Architekten, Dichterfürsten und Gymnasiasten-Treffen

Wenn Friedrich Achleitner rief, kam u. a. auch H.C. Artmann. Und wenn der vor kurzem verstorbene Rohrmax-Gründer Rolf Braunegg seine Schulkollegen zum Umtrunk bat, wurden Schnurren ausgepackt.

YouTube

Friedrich Achleitner

Auf einem anderen Level bewegte sich die Feier zum 70er des Architekten, Architektur-Kritikers und Schriftstellers Friedrich Achleitner („Die Presse" 1962 – 1972, Wr. Gruppe), Müller-Sohn aus Schalchen in Oberösterreich, keine 30 km von meines Mannes Heimat entfernt. Dem Jubilar gaben, eh klar, die großen Architekten-Kollegen Hans Hollein und Gustav „Ironimus" Peichl, aber auch Schriftsteller-Kollege und Mundart-Dichter H. C. Artmann (beide Wiener Gruppe) die Ehre ihrer Anwesenheit. Auch wenn Artmann schon gezeichnet war und sich ziemlich schwer tat beim Schreiben – ins Gästebuch trug er sich so wie viele andere Promi-Künstler selbstredend ein.

Josef Dreissinger

H.C. Artmann

Zurück in die Zukunft – unter dieser Devise veranstaltete der Gymnasialkollege meines Bruders Josef/Sepp, DDR. Rolf Braunegg, ein Treffen der Klassenkameraden/innen aus der Kundmann-Gasse nahe der Metzger-Gastwirtschaft. Für Rolf ein Bedürfnis, zu sehen, wie die alten Freunde mehr oder weniger alterten, aber sofern sie auf den Beinen waren, als getreue Heurigen-Diener immer kamen. Als Braunegg, Steuerberater, gerichtlich beeideter Sachverständiger, Gründer und bis zu seinem Ableben im August 2020 auch noch Mitbesitzer (mit seinem Sohn Stephan) der Firma Rohrmax, immer öfter seine Zeit auch in Südafrika zubrachte, nahm sich Elfi Brücher, verheiratete Gold, des Treffs der Alt-Gymnasiasten an. Und wenn der Tod eine Lücke unter den Altkollegen gerissen hatte, dann erhoben sich die humanistisch Gebildeten, um eine Schweigeminute oder ein stilles Gebet abzuhalten. Dann aber ging es umso munterer und lustiger zu in den Grüppchen von Damen und Herren, die aus dem Nähkästchen plauderten. Wie DDr. Peter Placheta, der Pharmaguru. Wie Klaus Kamml, der Manager. Wie Dr. Rainer Gherardini, der als junger Arzt zu der Gruppe um die Koryphäe Professor Navratil gehört hatte, die an der Kuh Esmeralda die Transplantation eines Herzens erprobten. Wie u.a. Gerda Schachenhofer, über drei Ecken Verwandte. Oder Christine Kinsky, entfernte Nachfahrin der Grafen von und zu (deren Weingut die Landstraße-Metzgers erst gepachtet, dann gekauft und 1965 verkauft hatten), die leider mitunter mehr Trauriges als Witziges zu erzählen hatte. Nicht nur ihr Mann, sondern auch Schwester Eva, eine Film-, TV- und Theater-Schauspielerin, die mein Bruder gut gekannt hat, verließen allzu früh die Bühne, die bis zur Schließung auch beim Heurigen Prillinger-Metzger gestanden war.

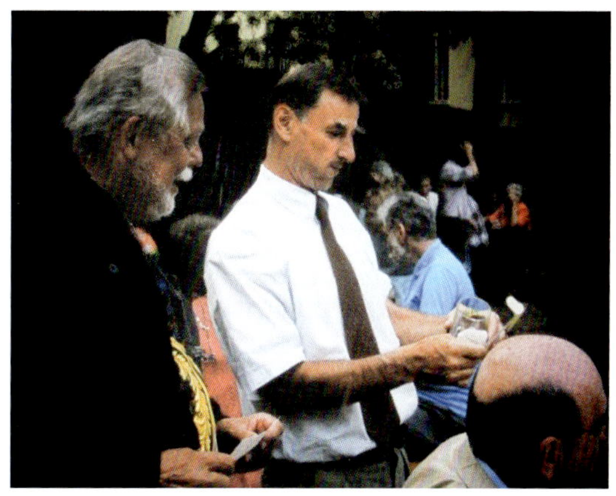
Privat

Rolf Braunegg

Von unseren Ferienzeiten in den 50er-Jahren am malerischen Weißensee in Kärnten bis heute hat sich auch die Freundschaft mit der späteren Frau Dr. Ingeborg Verweijen erhalten, die unter anderem auch an der katholischen Privat-Uni in Linz unterrichtet hat. Ingeborg, Nichte von Prof. Dr. Arthur Pillat, legendärer Chef der Augenklinik in Wien, verheiratet mit Henricus Verweijen, Präsident eines europäischen Verbandes, organisierte beim Prillinger-Metzger die Hochzeit ihres Sohnes Stephan, seines Zeichens respektierter Notar in Margareten. Es ging dabei zu wie bei einem Dorffest am Lande – mitten in der Stadt, drei Minuten von der Bim entfernt. Im Hof wurde getanzt, damals wurde auch noch über Vieles geplaudert, was einem am Herzen leg, nicht nur Small Talk geführt, der die Zeit füllt. So ist das eben mit den langen Bekanntschaften, zu denen auch die aus Rumänien stammende Familie Lebada gehörte, die zu unseren liebsten, treuesten Stammkunden zählten. Und das trifft aus der engen Verwandtschaft auch auf Professor Dietrich „Dietz" Kraft mit seiner Frau Nanni zu, ebenfalls Ärztin, die auf ihre „gesetzteren" Tag noch einmal ein Studium begonnen und mit der Promotion an der Universität Wien abgeschlossen hatte. Ich hätt´s schon vergessen, aber der Herr Professor hat sich daran erinnert, als wär´s gestern gewesen. Dieter Kraft im O-Ton: „Es war im Jahr 1968, ich hatte eben erfahren, dass Hedy schwanger ist, wollt´ sie nur still und leise fragen, ob alles ok ist, sie sich nicht überfordert fühlt an der Budel, da platzte Bruder Alfons dazwischen, um die neueste Nachricht zu verbreiten: „Habt´s schon g´hört, den Kennedy haben´s derschossen…?" Nicht John F., den Präsidenten, der damals schon fünf Jahre tot war, sondern Bruder Robert, den Justizminister. Na ja, wenn die halbe Welt oder auch nur Amerika einbricht, dann sind eben Schwangerschaftsprobleme nur noch Wehwehchen im eigenen Haus…

70. GEBURTSTAG VON F. ACHLEITNER
23.5.2000

Barbara [illegible]
Barbara Achleitner
D. [illegible]
[illegible]
[illegible]
[illegible]
=IRONIMUS 00
[illegible] + Lele
[illegible]
Elfriede Gerstl
[illegible]
Christian Reder
Ingrid Reder

Privat

Josefs Feste, verehrte Gäste und verratene Geheimnisse

Als Bruder Josef von der Vizekanzlerin das Silber-Ehrenzeichen der Republik bekam, tanzten Abfahrtskaiser, Skiprinzen und Fußballkönige samt alten Freunden am Ballhausplatz und beim Heurigenfest an. Mit dabei: „Wossi"-Enthüllungen.

Auch Bruder Josef, familienintern Seppl, hinterließ mehrfach seine Spuren bei mir. Etwa bei der abendlichen Einladung bei heißem Mittsommerwetter am 19. Mai 2000, zwei Tag nach Achleitners Fest. Anlass? Verleihung des Silbernen Ehrenzeichens der Republik, die von Vizekanzlerin Susanne Riess-Passer mittags am Ballhausplatz vorgenommen worden war – mit Franz Klammer, Hans Krankl, Otto Baric,

Ski-Prinz Hubertus Hohenlohe, Peter Kleinmann, Gunnar Prokop, Olympiaschwimmer Dr. Volker Deckardt, ORF-Sportchef Oberhauser zahlreichen seiner Schüler und natürlich seiner Lehrmeister wie der kleine, große Otto Schulmeister, aber auch. Einige der Ballhausplatz-Gäste waren natürlich auch abends dabei, darunter Michael und Helga Kuhn, die erst nachmittags vom Urlaub eingeflogen waren. Und unter anderen auch die umstrittene Physiologie-Koryphäe Dr. Bernd Pansold, die Hermann-Maier in Obertauern auf den Rad-Ergometer gesetzt hatte, damals noch so gut wie eine Unbekannte, heutzutage bei fast allen Stars im Gepäck.

Pansold, als Handlanger des DDR-Systems abgekanzelt, verteufelt und in Berlin gerade zu einer 7000-Mark-Geldstrafe verurteilt, verriet damals im Gespräch mit Bruder und dessen „Presse"-Schülerin Uschi Macher: „Ich bin gar kein Ossi – ich bin n´Wossi, aufgewachsen in Osnabrück, wo ich einige Klassen ins Gymnasium ging, bis mich mein Vater nach Zwickau (Auto-Moor-Bau) mitnahm…" Und dann hieß es: Vorwärts Kamerad, wir marschieren sportlich auf Gedeih und Verderb zum Sieg. Am gleichen Abend kam´s auch zur Begegnung mit der früheren Weltrekordlerin, Olympiadritten und ersten Frau, die 100m Schmetterling unter der Minute geflattert war: Christiane Sommer, vormals Knacke, legal durch Heirat mit dem OÖ-Landwirtssohn Gottfried, später „roter" Top-Gewerkschaftler, von Berlin nach Wien übersiedelt. Sie sprachen sich, beflügelt von „In Vino Veritas", zwar an diesem (für sie historischen) Abend aus, Freunde wurden sie nie. Die Ansammlung der Evergreens al a Dieter Quester, an Allzeitgrößen, an Kollegen, Freunden und Verwandten füllte den Hof samt Heurigen-Garten mit Tischen unter Bäumen.

„. . . und jetzt hoits mi net auf!"

Der Sportchef der *„Presse"*, Josef Metzger, hat im Gegensatz zu seinem Schüler Johann Skocek, Sportchef des *„Standard"*, am Dienstag aus den Händen von Sportminister Susanne Riess-Passer das Ehrenzeichen für Verdienste um die Republik Österreich erhalten.

Zu den Gratulanten am Ballhausplatz zählten Hans Krankl, Franz Klammer, Emese Hunyady, Hans Kary, ÖSV-Präsident Peter Schröcksnadel, Alpin-Chef Hans Pum, Skender Fani, Franz Hasil, Gunnar Prokop, Peter Kleinmann und eine Reihe von Journalisten-Kollegen. Viele von ihnen, die heute bei verschiedenen Medien tätig sind, waren durch Metzgers Schule gegangen. Der Allround-Journalist führte bei der „Presse" oft drei Ressorts gleichzeitig, rief einige Beilagen ins Leben und ist außerdem als Österreich-Korrespondent der *„Frankfurter Allgemeinen"* tätig.

Metzgers Lieblingstätigkeit ist das Recherchieren. Und sein Lieblingssatz lautet *„. . . und jetzt hoit mi net auf!"* – vor allem am Ende von Telefongesprächen, die von ihm selbst begonnen wurden.

Bild: H.H.

Josef Metzger und Susanne Riess-Passer

RENDEZVOUS

Feierabend statt Fußball

„Presse"-Sportchef Josef **Metzger** einmal anders: Statt in der Redaktion das UEFA-Cupfinale Galatasaray Istanbul gegen Arsenal im TV zu verfolgen, machte er wenige Stunden nach der Verleihung des „Silbernen Ehrenzeichen der Republik" durch Vizekanzlerin Susanne **Riess-Passer** am Mittwoch einmal so richtig Feierabend. Und lud seine Freunde des Sports zum Heurigen – natürlich zum familieneigenen **Prillinger-Metzger** in der Döblinger Rudolfinergasse. Beim Tratsch und gutem Buffet – zusammengestellt von Metzgers Schwester Hedi **Bachinger** – gesichtet: Tennis-Manager Ronald **Leitgeb** (links), Eisschnell-Lauf-Olympiasiegerin und Weltmeisterin Emese **Hunyady** (rechts neben Metzger), „Wembley-Toni **Fritsch**, Kicker-Anwalt Skender **Fani**, Rennfahrer-Doyen Dieter **Quester,** Handschuh-Peter **Peter** und Ex-Sporthilfechef Hubert **Neuper**, der eigens aus Los Angeles zur Metzger-Fete angereist war. *fie; Photo: Christina Mösslinger*

Das zweite Fest des Bruders gabs zu seinem 60er – im geschlossenen Rahmen, weil es März und eher kalt war. Es war fabelhaft organisiert und inszeniert von seiner Lebensgefährtin Judit (Mag. Bodnar), erst 16 Jahre später mit ihm verheiratet, die alles einlud, was sie kannte. Das ausladende Buffet, im Vorraum der Küche neben einem zweiten Stammtisch aufgebaut, musste länger als das vom Honzo geliebte „Weinderl" auf Abnehmer warten. Warum? Weil es dauerte, bis alle Promis eingetrudelt waren – von Niki Lauda und Hans Krankl über dessen Anwalts-Freund Dr. Skender Fani und Rapid-Kollegen Rainer Kienast bis Olympiasieger Roman Hagara mit Sabine König, von ORF-Sportchef Elmar Oberhauser über ÖFB-Boss Friedrich Stickler, von Graf „Niki" Dumba oder Lauda-Intimus Bertl Wimmer bis zu seinen Journalisten-Kollegen und den alten oder neuen Künstler-Freunden. Honzo Holecek hielt keine Laudatio, sondern stimmte die illustre Runde mit einer launigen Lesung eines der großen Vor- und Zwischenkriegs-Literaten ein. Ob es Peter Altenberg, Karl Kraus, Egon Friedell oder Alfred Polgar waren, kann ich nicht mehr sagen.

Als Fußballfan Honzo „fertig hatte", damals ein geflügeltes Trapattoni-Wort, fiedelte das einstige Wunderkind und Metzger-Freund

Privat

Primgeiger Julian Rachlin

Julian Rachlin als Primgeiger auf – begleitet von Mama Sophie am Harmonium. Julian war längst ein Weltstar, aber was Fußball und Sport betraf, wie ein kleines Kind, das sein Idol Hans Krankl anhimmelte. Mein Bruder erinnert sich einer Szene, die sich nicht bei uns, aber im „Noodles“ von Multi-Gastronom Kurt Bender ereignete. Rachlin kehrte damals spätabends mit Udo Jürgens, Lauda und Dumba ein. Und als er Krankl am Rapidler-Stammtisch entdeckt hatte, war er fixi und foxi. Er kam zum Bruder und sagte: „Josef, könntest Du vielleicht den Hansi bitten, dass er mir ein Autogramm gibt und dazu ein Foto mit ihm signiert?“ Unglaublich, aber wahr. Mittlerweile wurde, von seinem Freund Hans Krankl vermittelt, Fußball-Freak Julian auch FC-Barcelona-Ehrengast im Nou Camp.

Apropos Gastronom Bender. Bei Josefs Geburtstag saß er an einem Tisch mit den Kuhns, mit Stickler, Honzo, Josef und Bernd Pansold, der aufmerksam manch interessanten Dialogen oder tiefsinnig-schlüpfrigen Fragen lauschte. Losgelöst von all dem richtete Bender an Pansold die grotesk-surreale Frage: „Wie bist denn du eigentlich mit deinem Leben zufrieden…?“ Der „Heurige“, auf Wein bezogen, lockert oder bremst halt Zungen.

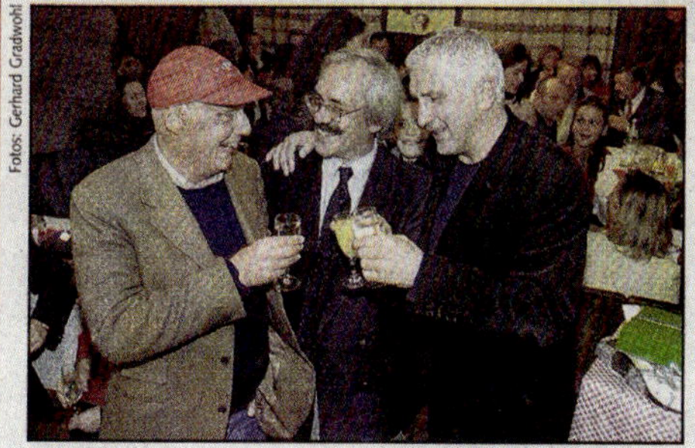

Niki Lauda, Geburtstagskind Metzger und Hans Krankl

Der bekannte Journalist feierte mit Lauda, Krankl & Co.

„Hemingway“ Metzger ist 60

Die Geschenke waren gut verpackt – während die Gratulanten mit ihrem Lob gar nicht zugeknöpft waren!

„Er schreibt wie der **Hemingway**“, urteilte Hans **Krankl**. „Ein absoluter Vollprofi“, analysierte Niki **Lauda**. „Und ich“, schwärmte Heinz **Holecek**, „liebe ihn . . .“

Josef **Metzger**, der legendäre Sportchef der *Presse*, feierte beim Heurigen **Prillinger-Metzger** in Wien seinen 60. Geburtstag – natürlich mit vielen, vielen „Fans“: „Krone“-Chefredakteur Michael **Kuhn**, die Olympiasieger Emese **Hunyady** und Roman **Hagara**, die Sportärzte Bernd **Pansold** und Reinhard **Weinstabl**, Exschwimm-Weltrekordlerin Christiane **Knacke-Sommer**, Segel-Sportdirektor Georg **Fundak**, Geigenvirtuose Julian **Rachlin**, Opernstar Natela **Nicoli**, Elmar **Oberhauser**, Friedrich **Stickler**, Reinhard **Kienast**, Skender **Fani**, Oliver **Stamm** und Harry **Dittert**.

„Hemingway“ Metzger – *der junge Mann und das Meer* . . .

. . . an Freunden!

Feierten: Heinz Holecek, Michael Kuhn, Josef Metzger

robert.sommer@kronenzeitung.at

14. III. 2003

Gorgiste Geburtstag
Josef Metzger

[illegible]

Alles Gute den Metzger
Ihr Oliver [illegible]
+ extra [illegible]
alles Liebe

Alles Gute [illegible]

Zum 60er vom „Seppl"
alles Gute und Gesundheit
Peter + Annemarie
+ Hilde

Gute Wünsche u. Gesundheit
im weiteren Leben und auch
Danke schön für die letzten Jahre
[illegible]

Herzlichen Glückwunsch
und Alles Liebe! [illegible]

Was für eine unglaubliche
Geburtstagsfeier! Hoffentlich gibt es
noch viele, die folgen werden!
Herzlichst, [illegible] ([illegible])

Hi Jo
bleib wie Du bist!
Christiane [illegible] [illegible]

Kurier/Gilbert Novy Repro

Mit First Lady hört´s auf
Blick zurück ohne Zorn

Zu den letzten Events, ehe Prillinger-Metzger nur noch auf Schmalspur fuhr, gehörte ein Hannak-Heuriger. Mit dabei auch Frau Doktor Martha Kyrle, einst „First Lady" als Tochter des Alt-Bundespräsidenten Adolf Schärf.

Bevor wir zu einem Schluss des Buches kommen, ist auch noch der letzte Abend des legendären Hannak-Heurigen anno 2005 mehr als nur einer kurzen Erwähnung wert. Zu den üblichen Gästen gesellten sich an diesem Abend mit Gustav Peichl oder Minister Einem unter anderen auch Schriftsteller Peter Marginter und die hochbetagte, aber rüstige einstige First Lady Martha Kyrle, Tochter des verwitweten Bundespräsidenten Adolf Schärf. Sie waren alle nicht heikel, sie wählten aus, was da war. Und Frau Kyrle, die vor wenigen Jahren noch ihren Hunderter erleben durfte, war mir insofern gut bekannt, weil zwei ihrer Söhne (beide machten akademische Bzw. politische Karriere) mit meinen Töchtern in die Hofzeile zur Volksschule und ins Gymnasium gingen – in die Klosterschule Maria Regina, wo Otto Schulmeister vis-a-vis bis zu seinem Tod (2001) wohnte. Die Bekanntschaft beschränkte sich eher auf Smalltalk, der aber ebenfalls verbindet. Vor allem beim Heurigen, wo die Leut´ durchs Reden zusammengekommen sind. Aber diese wunderschöne, nicht wiederkehrende, unwiederbringliche Jahrhundert-Epoche ist ja Inzwischen in der digitalen Gesellschaft (auch ohne Covid19-Folgen!) mit wenigen Ausnahmen bei der Zeitreise ins Gestern nicht mehr und nicht weniger als ein wehmütiger Blick zurück in die Zukunft. Ganz ohne Zorn.

Aus den Heurigen-Gästebuch...

16/XI 1955.

Ein Gast aus Holland ist heut hier
Er trinkt den edlen Tropfen lieber als das Bier. –
Leider fällt uns nichts mehr ein,
Drum trinken wir noch ein Viertel Retzger Wein!

Mescher [illegible] meinem Wohnort ist Amsterdam
aber ich gerne in Wien geboren sein
Es lebe Holland! Theodor Schebesta
Ella Petran, Grett Janecz, Karl Löcher, Anton Janecz

Den Retzger Wein trinke ich sehr gerne hier
[illegible] anstatt das Schwechater Bier.
[illegible]

[illegible]
Siegfried Billinger
Karl Müller

[illegible]

[illegible] Wir waren schon so lange nicht hier.....!

[illegible] Anny Müller [illegible]

Die schöne Wirtin ein gutes Glasel Grinzinger Wein
in Grinzing bin ich glücklich
lasst mich so sein.

[illegible]

Margot Schubert
Gustav —"—
Grete [illegible]
[illegible]

Ida Schwock

Der Most ist Wein!
[illegible]

In München trinkt man Bier
einen guten Rotwein hier
[illegible] 16/XI 55
[illegible]
17. 11. 55.

[illegible] Hofmann [illegible] O. Werner [illegible]

[illegible]

16 16 [illegible] – 14 8

Der Wein ist gut, wir kommen wieder einmal, [illegible]
ja auch noch in der Nähe wohnen

[illegible]

Wo ist meine erste [illegible] : Silber-
[illegible] ?

[illegible]

[illegible] 7.VI.57

[illegible] Ernst Bauer

Lieber Freund Stefan Hlawa, wo bist Du?
Ich bin hergeflogen, weil Gregor Firmung hat,
Grüße Dich! Dein [illegible] 8.6.1957,
Der Firmgöd vom Gregor [illegible]

Ich bin so schrecklich gern bei Dir!
Des Schocchata – das is a [illegible],

[illegible]

2. März [illegible]

Draußen schneit's
der Wein is guat
und mi g'freits
das schreiben tuat.

Zur ewigen Erinnerung

Maria [illegible]

[illegible]

13. XII 1957.

Saufst stirbst
Saufst nicht stirbst a.
also
sauf.

[illegible]

Kropsert [illegible]

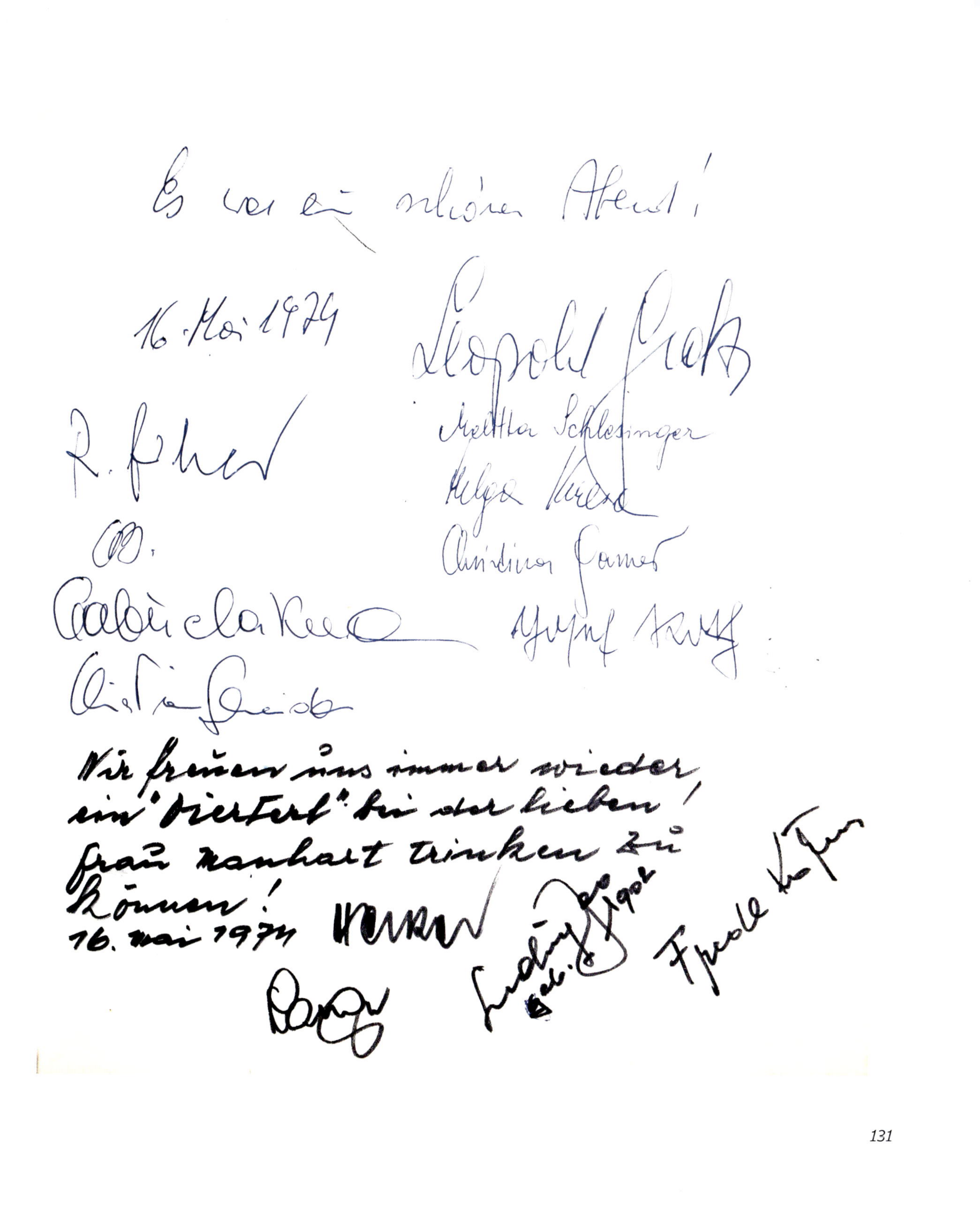

Es war ein schöner Abend!

16. Mai 1974

Leopold [illegible]

Wir freuen uns immer wieder ein "Vierterl" bei der lieben Frau [illegible] trinken zu können!

16. Mai 1974

Ich bin zwar kein Bürgermeister und heisse nicht Leopold Spatz. Ich bin der Hofmann Poldl von der Vienna und meiner Frau und mir schmeckt der Wein auch sehr gut. Bin ganz der Meinung Pepel Stefan

Prost Hofmann Leopold

In einer so einer netten Gesellschaft ist es kein Wunder, wenn einem da Wein sehr gut schmeckt, und das mit der eigenen Frau

Stefan Manhart !!!

16. MAI 1974 zu der Erna, Superfrau!!!

ist ein guter Verein

[illegible]

Bin mit allem einverstanden, auch der Vienna

Es ist immer wieder eine Freude bei Metzger-Pillinger Frau Manhart zu begrüßen. Dazu noch ein gutes Glaserl und dazu das gute Essen! Hoffentlich bleibt das schöne alte Haus noch lange den Rudolfsheimern erhalten

Wien, 16.5.1974

Prof. [illegible]

Vielen Dank für die „besten Fleischlaberln ...“ der Welt!

Herzlichst

24. XI. 74

und den guten Wein

Heike

Buschenschenke
PRILLINGER-METZGER
1190 Wien 19, Rudolfinergasse 7
Telefon 36 25 85

Rechnungsempfänger

Text | 8% MwSt. (Speisen) S g | 18% MwSt. (Getränke) S g

Rechnungsbetrag (Inklusivpreis)

Rechnung vom VÖSLAUER
Verlängert die Blume des Weines

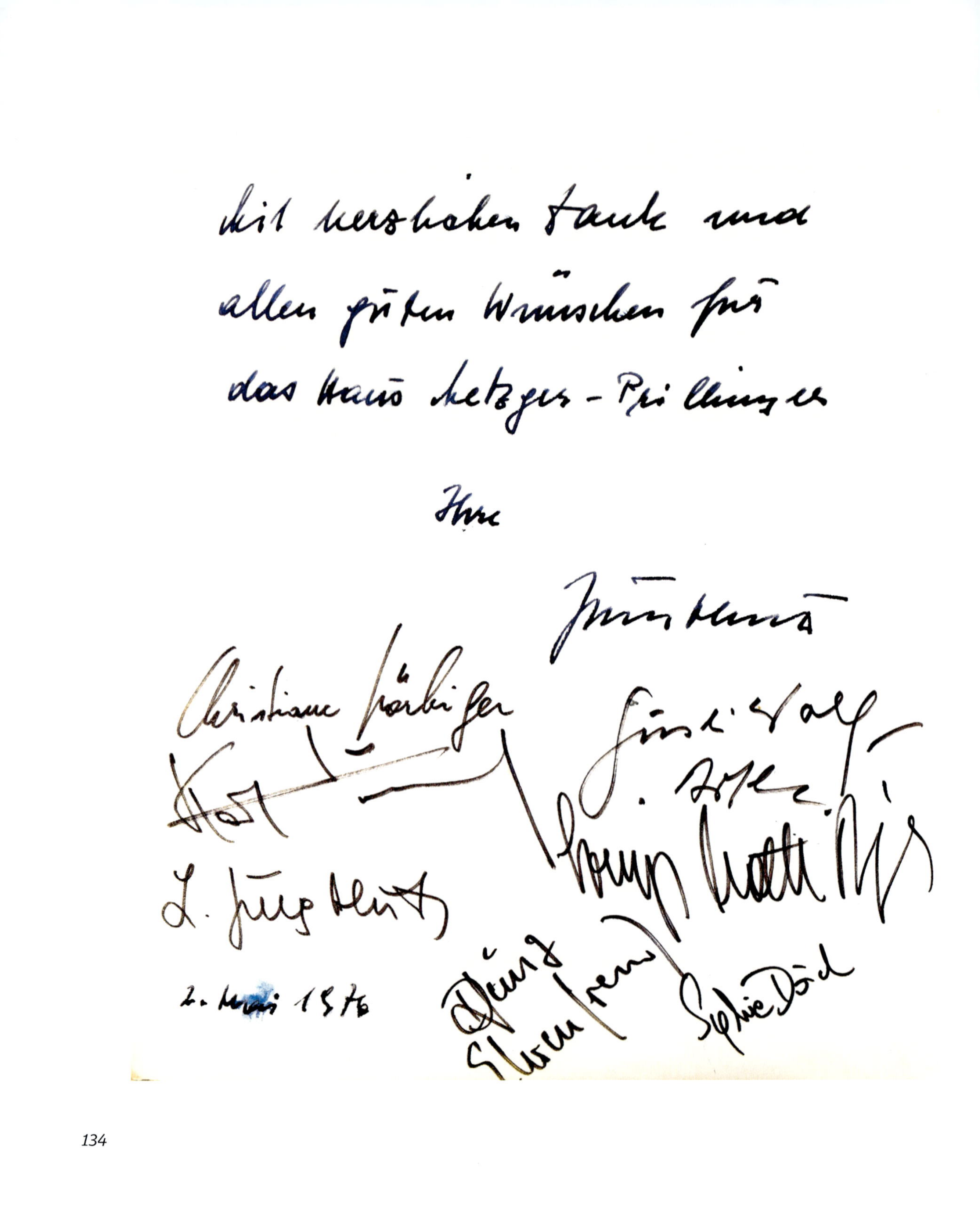

Mit herzlichem Dank und allen guten Wünschen für das Haus Metzger-Prillinger

Ihre

Christiane Hörbiger

2. Mai 1976

Alten, Heurigen und Kracherl
auf dem Tisch: da ein Lacherl, dort
ein Tratscherl.

Apfelstrudel, Topfenknödel, Linzertorte,
Kirschenstrudel,
Zufriedenheit in jedem Eckerl.

Mit herzlichem Dank.

Josef Taus 8/9. 7. 76

Martha Taus

Angelika

Gisela

Wolfgang

Edith Moder

DIE GASTFREUNDSCHAFT DES HAUSES UND DIE BETREUUNG DURCH DEN VOLKSANWALT ZEILLINGER SICHER-TEN JEDEM VON UNS EIN ERFOLGS-ERLEBNIS

14. DEZEMBER 1977

4/3/75

Mit Apfel oder Topfenstrudel
mit Sauce oder Salat!
Mit Altem oder Heurigen
Es war einfach delikat!

Herzlichst Ihr

(PETER WECK)

Karin Mattes

22. und 23. Jänner 1984

"WIENER BRUT"

Ein besonders gemütlicher Drehort! Wir werden die hervorragenden gebackenen Mäuse vermissen!
Danke für die freundliche Betreuung.

Elisabeth Orth

Rudolf [illegible] (Mateschka)

[illegible]

Johannes [illegible]

10. Februar 1985

Trude Kiliana

[illegible]

A. [illegible]

[illegible]

E. [illegible]

[illegible]

Erich [illegible]

Diana Reese-Sarkein

[illegible] Holl[illegible]

3. 12. 91

Es verbindet uns viel mit diesem
Haus. Vorallem weil mein Mann die
Geburt unserer Tochter hier gefeiert hat
(14. 11. 79) Sie wurde im Rudolfinerhaus
geboren. Das „verbindet".

Es war ein schöner Abend

Ihre [illegible]

[illegible]

Herzlichen Dank
für die freundliche
und ausgezeichnete
Bewirtung!
Gutes Essen herrlichen
Wein und ein
romantischer
Garten –
Herz was willst Du
mehr!!

[illegible]uni 1998

H. Ammer[illegible]
(Frauenministerin a. D.)

[illegible]
(Sektionschefin im BKA*)

* Bundeskanzleramt

Für Metzger – Brillinger

herzlich gewidmet

Familie Eberhardt u. Josef Brunner 28. März 2000

FAUSTUM FELICEMQUE

Hans (Kowalski!)

SEHR GEEHRTER HERR
BOTSCHAFTER FISCHER!
ALLES GUTE ZUM
80-STEN GEBURTSTAG!

Valentina Inzko

TOCHTER DES GESANDTEN

Valentin Inzko

„Die Presse" freut sich, den
Band der Texte mit 200 Artikeln
zu seinem 60er zu feiern
Einige davon (noch nicht alle)
hat Ali [illegible]
gefunden
die anderen Artikel:

Wieland [illegible]
[illegible]
[illegible]
[illegible]
[illegible]
[illegible]

Ein Hoch
dem „Zeitungsmeister"
Claudia [illegible]

In dieser mir seit Jahrzehnten wohl bekannten Gesellschaft fühle ich auch heuer wieder wohl und wünsche daher uns allen

Ad multos annos!

(Soviel Latein muß sein)

Walter Perdinger

Peter Kracher

Alexander Pichler

Valentin

Gottseidank steht auf den seit Jahrzehnten geschossenen Fotos zum Maler abtreffen die Jahreszahl. Aber jedesmal ist das Buffet hervorragend. Wir alle danken Rolf für diese Grundlage des guten Weines

Elfi Gerold

4. 7. 03

EU! Elisabeth Castro. ★

♡ Tive a honra de estar, com ilustres pessoas.

♡ ♡ beijos Elisabeth Castro.

★ 2003. julho.

Danke für Ihr kommen + Rolf

Ein denkwürdiges Treffen zum 42. Ra. Heurigen Treffen, aufgepeppt durch unsere Brasilianerin!

Peter Albrecht (S. Paulo)

4/7/03

Doch das alles ist Schnee von gestern...